Ⓢ新潮新書

堀 有伸
HORI Arinobu

日本的ナルシシズムの罪

671

新潮社

（文中、敬称略）

はじめに

本書では、「日本的ナルシシズム」という仮説について順を追って考察していきます。

これは精神科医として私が二十年来考えてきたテーマですが、これまで様々な臨床経験と考察を通じて、次第に構図がはっきり見えてきたように思います。

近年、色々な場面で、かつての日本人とは明らかに違う心性が感じられるケースが増えました。日本人に目立って多く、英語の辞書にも載った「過労死」に取って代わるかのように、集団への帰属意識が薄く、ただ気が向かないという理由で仕事を休む若者が増えているのもその一例でしょう。

個人だけでなく、ブラック企業や原発問題、さらには隣国との摩擦など、集団としての心理メカニズムにも変化が起きているように見えます。もちろん、「国民性」といわれるように、日本的（あまりに日本的）な心のありかたもありますが、私を含めた日本人の精神性とは本来どういうものか、現在どんな変化が起きつつあるのか、精神医学を援用しながら順を追って分析していくことにします。

第一章「『頼られたい』という病」では、会社の一員として消耗するまで働き、ついに体調を崩してしまう人々を取り上げます。何が彼らをしてそうさせるのでしょうか。続く第二章・第三章では、そうした人々の行動の核となっているナルシシズムの問題について、幼い頃の母子・父子関係まで遡ってひもといていきます。

第四章は、彼らのような日本人と日本社会が伝統的に持っている、独特の心性について幾つかの側面から考えます。第五章は、精神疾患としてのうつの発生と日本的うつへの対処法について述べます。

第六章では、現代の社会問題であるブラック企業や新型うつについて、社会病理という側面から分析してみます。そして第七章は、震災後、原発に近い南相馬市に移り住んで、じかに感じた日本的ナルシシズムの発現について述べることにします。

第八章は、この問題に対処する基本姿勢について、私なりに考えをまとめました。

なお本文中の臨床例は特定の個人を指すものではなく、複数の症例をもとに適宜改変を加えたことをおことわりしておきます。

　私にとっては初めての著書であり、ときに抽象的で難解であったり、逆に舌足らずであったりするかもしれませんが、日本人の一人として、自分を含めたこれからの「個人」そして日本という集団について考えるための一助となれば何よりです。

日本的ナルシシズムの罪……目次

第一章　「頼られたい」という病

「場」の雰囲気と「世話をする役」

三十代後半で金融機関に勤めるAさんは、二人の子どもを持つ父親です。大学卒業後に入社して三つの支店で働き、どこでも熱意あふれる仕事振りでムードメーカーとして活躍していました。しかし一度、契約社員の管理をしなければならない立場になった時に、短期間、体調を崩して仕事を休んだことがあります。

管理職の立場になったのは、三十代半ばのこと。それまでの仕事ぶりを評価され、今後の出世が期待される、抜擢ともいえる人事でした。上司からは隠れた指示として「さめたところのある管理部門の雰囲気を活性化させてほしい」と言われていたそうです。

しかし、実際に勤務を始めてみると、管理部門では力を発揮することができません。鳴り物入りで異動してきたはずが、実力を示すより先に全体に号令をかけるような言動をくり返したことが災いして、他の職員の態度がよそよそしくなっていきました。よく言う「空回り」の状態に陥ってしまったのです。

そんな中でAさんは孤立感を深め、「手が震える」「頭が重い」など身体症状を訴えるようになりました。私の精神科を最初に受診したのはこの時です。

Aさんには潑剌とした雰囲気があり、話をしていて、とても気持ちのよい印象を受けました。ただ、かつての支店の同僚のことを懐かしく誇らしげに話す一方で、異動については恨みがましい調子が強いことが気になりました。

私は、精神的な不調には脳や神経を中心とした身体全体の疲弊が関係していることを説明し、Aさんの生活や性格に仕事を引き受けすぎたり、人間関係の葛藤を引きずる傾向があることを指摘しました。Aさんは熱心に話を聞き、時に身を乗り出してうなずきながら、私の話を理解して、アドバイスを実行すると約束してくれました。

それから短期間の休養と抗うつ薬の服用によって症状は回復し、Aさんは職場復帰を果たしました。残業制限をしながらの復帰でしたが、順調な経過と思っていた数か月後、突然症状が再発して再び職場を休むことになりました。

仕事量が制限されていたにもかかわらず、なぜ症状が再燃したのか、私はAさんと話し合いました。Aさんは現状について「あまり陽は当たらないが、職場全体を見渡して重要なバックアップをしている」と話していました。

私は、仕事に取り組むその姿勢を評価しつつも、Aさんの健康を守る立場から「あえて職場全体の雰囲気から距離をおいて、自分の体調を優先して早く帰宅するような工夫も必要です」と説得しました。この時は休養と抗うつ薬の使用に加えて、職場の直属の上司にもAさんの傾向について説明し、上司として配慮を求めました。

その後の数年間でAさんは何回か休職をくり返しましたが、次第に経過は安定していきました。しかし、その途中で職場の後輩がうつ病と診断された時のこと、Aさん自身も勤務時間を制限されていたにもかかわらず、後輩の世話を見ようと懸命になりました。診察室でそのことを報告するAさんは、「自分がうつ病になって、本当にうつ病の人の気持ちが分かりました。会社全体でうつ病への認識や対策が不十分だと思います」と話しました。

私にもその気持ちはよく分かりましたが、Aさんの状況を考えて、今は気持ちを抑えるように言いました。他人の面倒を見る余裕はAさんにはないはずだからです。しかしAさんは、「でも先生、上司も余裕がなくて後輩の世話にまで手が回らない状況なんです」と反論してきました。

Ａさんは、診療場面では医師のことを立てながら、良い雰囲気を保ちつつ一生懸命にその「場」に参加します。しかし、そこを離れてしまうと、担当医の私から与えられた指示を遵守するよりも、会社の「場」の雰囲気に沿って必死に頑張ろうとするのでした。

Ａさんにとって何より大切なのは「自分がいま参加している場との一体感」です。そのため、それにそぐわない指示や規則を軽んじる傾向がありました。

この傾向が、Ａさんの最初の発病とも大いに関係しています。Ａさんの病歴を見返すと、現場で成功して、管理的な作業を求められたところでつまずいています。これはなぜでしょうか。

さまざまな現場で、「場を盛り上げる」には、規則や理論にとらわれないほうがうまく物事を進められる面があります。現場で杓子定規に「ルールを守りましょう」「会社が言う通りにしましょう」といったことを口うるさく言う人は嫌われがちです。

一方で、場の空気を読みながら、「上司はああ言っているけど、ここは現場の裁量で決めてしまいましょう」といった臨機応変な姿勢を見せる人のほうが、「わかっている」と高評価を得やすい。これは皆さんも実感としておわかりになるでしょう。

つまり盛り上げ上手な人には、無意識的かもしれませんが、管理的な要請から行われる規則を軽視する傾向があるのです。

Aさんは、現場でムードメーカーをしている時には、そうした振る舞い方を仕事のスタイルとして確立していました。問題は、自分が他人を管理する立場になった時です。その場合、それまでと同じスタンスでは仕事はうまく行きません。そのためAさんの心には深刻な危機が訪れたのです。

したがってAさんの治療経過は、その「場」の持つ温かい人間関係を重視し過ぎて、無意識的に軽蔑していた管理的な規則を他人に強いる立場になることを受け入れていく過程でした。

若い時に各支店で活躍した「ムードメーカー時代」のAさんはまぎれもなく、現場全体に目を配り、その世話をする役を引き受けていました。それを見事につとめ上げ、周囲から評価され、自分でも誇りに思うことができていた。その成功体験があるため、Aさんの心には、常に自分が誰かの「世話をする役」でいようとする傾向があります。

しかし、Aさんの手法でうまくいくのは、小さなグループのまとめ役レベルまででした。酷な言い方ですが、それでは本社の管理部門の世話はつとまらなかったのです。その意味で、会社の人事は時期尚早でした。

まずはAさんにより広い視点を持たせるという研修的な意味も含んだ異動だったら、深刻な不適応に陥らずに済んだかもしれません。しかし、良くも悪くも慣れない職場に配属されたにもかかわらず、逆にその職場の「世話をする役」を続けようとしたために、次第に周囲との人間関係を悪化させ、体調にも悪影響が出るようになりました。

世の中には、世話をされることが下手な人がいます。そして、他人の世話をすることが上手な人の多くが、自分が世話をされるのは上手ではありません。患者になったAさんが、まさにそうでした。

実際に診察室に通うようになっても、自分が健康を害して周囲から世話をされるべき立場になっていることを、なかなか受け入れることができません。その代わり、職場の、会社全体の、うつ病になった後輩の、多忙で手が回らない上司の、それぞれの「世話をする役」をずっと手放さずに抱えていたのです。

一見すると謙虚で勤勉なようですが、その奥には常に「上から目線」で周囲を見ている一面があります。Aさんは、「世話をされるべき自分」の弱い姿を受け入れられずに苦しんでいたのです。

「世話をされるべき自分」の受容

Bさんは三十代半ばのエンジニアで、大学卒業後に大手企業に就職。特殊な製品についての専門的知識を身につけていたため、職場では重要な存在でした。

しかし、三十歳を過ぎた頃から、朝がた強い倦怠感を覚えるようになりました。精神科クリニックを受診してうつ病と診断され、薬が処方されました。症状は重くなったり軽くなったりをくり返しますが、朝、安定剤などを服用して無理に出社し続けました。朝がた感じる体のだるさは次第に強まりましたが、職場の裁量で、遅刻した上での勤務も相当程度、許容されていました。

このような中でBさんは職場から主治医の変更を指示されました。私は新しい担当医として、最初の診察で入院が必要と判断しました。五か月間の入院後Bさんは回復し、職場に復帰した上で、外来診療を再開しました。

その後半年ほどは順調に勤務していましたが、再び「朝、体がだるくて動けない」という状態になり、ついに休職することになりました。Bさんによると、「職場で自分の高度な知識と技能を発揮することが楽しい」、「職場のみんなの期待に応えられることがうれしい」という感覚で働いているうちに、つい働き過ぎてしまうとのことでした。

他方、そんなBさんに仕事を押し付けすぎる職場にも問題があるようでした。私はAさんの時と同様、Bさんにも仕事を引き受け過ぎないように助言しました。BさんはAさんに比べてこの点では理解が早く、頼まれる仕事が増えそうな状況を自分から避けるようになりました。

会社側も、Bさんの処遇にいっそうの配慮をしました。具体的にはBさんが新入社員だった当時、専門的技能を教えた人を上司として配置し、Bさんが不調な時には、その上司が業務を担当できるようにしました。

Bさんの職場での負担は軽減することが予想されました。ところが、この新しく来た上司が意外な行動に出ます。私は新しい上司と会い、うつ病についての一般的な説明と注意を与えていましたが、この上司は担当医の方針に沿うよう協力するのではなく、「自分の力でBを立ち直らせてみせる」ことを選択したのです。

上司は、精神医学について理解のない人でした。職場でBさんは体調不良を訴えて職務軽減を求めても、上司によりその要望は無視され、業務の遂行を求められる。Bさんは恩人とも慕う上司の指示に、自分が体調不良で応えられないことを苦痛に感じながらも無理に頑張りました。やがてBさんの症状はさらに悪化し、再び休職にいたりました。

私は、会社の中でさらに上司に当たる管理的な立場の人と相談することにしました。その結果、Bさんを本来の実力からすれば閑職とも見られる部門にいったん異動させ、数年かけてじっくり体調を回復させる方針がとられました。その後少しずつですが、Bさんは着実に回復を続けるようになりました。

BさんもAさんと同様に、職場と一体化してそこに徹底的に巻き込まれながら、全力を尽くして周囲の期待に応え、それを認められることに強い喜びを感じていました。その中で体力的に消耗し、うつ病の症状を出現させていたのです。

「場」と個人の関わりについては、Aさんのように自ら望んで一体化していく人もいれば、発症後のBさんのように、自ら望んでいないにもかかわらず、「場」の方が特定の個人を巻き込もうと強く働きかけることもあります。

BさんはAさんよりも、他人に「世話をされるべき自分」を理解し、助けを周囲に求める姿勢を身につけることに積極的でしたが、それが特定の上司によって問題ある姿勢と認識され、厳しい対応を受けてしまいました。

個人と集団のナルシシズム

「世話をする役」から「世話をされるべき自分」へと転換できるかどうか。その可否にはナルシシズム（自己愛）が関係しています。

もともとナルシシズムという心理学用語は、ギリシャ神話に出てくる、水面に映った美しい自分の姿に見とれて過ごすうちに現実を忘れ、自らを滅ぼしてしまったナルキッソスという青年の逸話に由来します。

ナルシシズムの病は、現実よりも「自分にとって自分がどう感じられるか」、「自分が他人からどう見られるか」というイメージを重要視することに起因します。ナルシシズムの度合いが深いと、自分の理想から離れてしまった自分、という現実の姿を受け入れることが困難になる。すると現実を犠牲にしてでも、自分の理想的イメージを守ることを優先するようになってしまいます。Aさんがその典型でした。

ナルシシズムを満たす自分の理想的イメージは、その人が所属する社会の価値観によって異なります。古代の狩猟社会であれば、直接、獲物を仕留める肉体的な能力が高いことでしょう。近代の資本主義社会なら、たくさんお金を稼げる個人が、より強いナルシシズムの満足を得られることにもなります。

発病前のAさんやBさんの理想のイメージは、「会社という所属集団と情緒的に一体化し、その集団のために尽力する自分」というものでした。このような形で仕事を続けることに強く惚れ込み、酔いしれるうちに体力と気力を消耗させていったのです。

AさんもBさんも、診察室で妻や家庭について話題にすることはほとんどありませんでした。家庭生活については考えることを停止し、「会社のために力を尽くし、疲れ果てて動けなくなる自分」を必ずしも嫌っていない面がありました。Bさんには娘が一人いましたが、体調を崩してからは家族とも別居し、一人暮らしをしていました。

治療を開始する以前のAさんとBさん、そして二人の職場に共有されていた心理構造には三つの特徴が挙げられます。

1．個人と集団の境界があやふや。集団が抱いている信念や気分を個人も共有することが強く期待される。
2．集団の中で分離をもたらすことに、強い恥ずかしさや負い目の感情が刺激される。集団のメンバーは心理的に一体化することが期待される。
3．集団に属していることに、万能とも言えるほどの信頼を置く。その「場」につながってさえいれば救済してもらえると考え、集団から独立した個人としての利害、将来への不安は真剣に検討されない。

一般的に、個人と会社の関係はある面では協調し、別の面では利害が対立しています。その現実を認めた上で、両者の関係をうまく調整する必要があります。

治療を開始した時点では、AさんもBさんも理想的イメージと一致しない自分の姿に、強い不安や負い目の感情を刺激されていました。ですから精神科の治療としては、彼らが過去に成し遂げた会社への貢献とその意義を十分に認めながらも、会社とは利害が対立することもある「個人」としての利益を意識させることでした。

それは当然、二人や職場のナルシシズムを満足させない、すなわち欲求不満をもたらしました。しかし、それに耐えられるよう二人を支え、理想像にとらわれた心理状況から離れて、将来について自由に考える余地が広がるように促したのです。

厚労省などの調査によると、国内ではうつ病を理由とする休職者が約二十万人おり、彼らのようなメンタルヘルス不調者が配慮を求める事項として「業務内容や業務量」と「職場の同僚や上司との人間関係」が多数を占めています。もとより個々の症例の原因と背景は一様ではありませんが、結果的に休職者のうち四割が退職にいたっていることには注意が必要です。

次章では、日本人の会社員にしばしば見られる、こうしたナルシシズムの歪みがどこから生じるのか考察します。

第二章　ナルシシズムの病はどこから来るか

母親の不在と幼児の分離不安

そもそもナルシシズムは現実を否認する一つの方法です。その発生に遡ってみます。

生まれたばかりの乳幼児は、一人で生きていくことができません。お腹がすいた時、オシッコをした時、自分に何が起きているのかもわかりません。この時、乳児の内側では正体不明の不快感や衝動が高まり、その欲求不満に圧倒され、ひたすら泣き叫ぶ。そこで誰も応えてくれないという「母親の不在」体験は、実におそろしいものです。

しかし、母親をはじめ周りの人々が事態を知って対処してくれることではじめて、身辺の状況を快適に保ってもらえ、乳児は生き続けることができます。欲求不満が強くなりすぎないうちに対処されることで乳児の心は適切に発達し、次第に「母親の不在」について考えられるようになっていくのです。

子どもから見て母親といえども常に自分だけに注意を払えないことがある。自分よりも父親やきょうだいが優先的に愛を向けられることがある。そうした現実を突きつけられるのは、乳幼児にとって非常に悲しくて憂うつな体験です。

しかし、その現実を認めた上で、それに伴うつらい感情を乗り越えていくことは、母親から独立した一つの心を形作るために、不可欠な過程です。

逆に、ここが円滑に進まなかった乳幼児は、母親や家族から離れることに異常なほど不安を感じるようになります。このような不安を「分離不安」と呼びます。

ナルシシズムにはこの分離不安をやわらげ、それが心にもたらす破壊的な影響力を弱める防衛作用があります。例えば、母親が常に自分よりも他を優先し、欲求不満が解消されることのない生活に適応した子どもは、

「自分は可愛くないから、母親が愛してくれない」

「もっと母親にかまってほしい」

とは考えません。その代わりに、

「自分は強いから、他の子どもみたいに甘やかされなくとも平気だ」

「母の愛情など大した意味がないから、自分には必要ない」

というふうに考えるようになります。

ナルシシズムとは弱さや恐怖より、「自分は強い」と感じるのを好む性向ともいえます。ですから、乳幼児の頃に母親からの独立が適切に進まないと、「人に認められたい、愛されたい」という欲求は抑えこまれて隠され、表面上は、そんな願望を持たない子どもができあがります。

『「甘え」の構造』で知られる精神分析家の土居健郎（1920-2009）は、「うつ病の精神力学」という論文の中で、「このように本来の依存欲求の不満を防衛するために生じた状態こそナルチスムスとよばれるべき」だと述べました。

土居によれば、「少なくとも表面上は甘えることがなく、相手に依存したいという意識すら伴わない」、そんな「心のクセ」を身につけると、後年になってうつ病リスクが高まるといいます。何かのきっかけで心のフタが開いてしまい、満たされなかった愛情を求める強い願望が噴き出し、不器用な形で表現されるというのです。

ただし、分離不安に対する反応は人によって様々で、ナルシシズムはその一つにすぎません。また、うつ病の要因は複雑で、一つに限定はできません。現在では、母親を含めた環境だけに原因を求めるのは誤りだとも考えられています。

しかし、ナルシシズムの問題はうつ病だけでなくメンタルヘルス全般に及ぼす影響が大きいにもかかわらず、十分な注意が向けられていないのが現状です。

私は、うつ病になりやすいパーソナリティは、表面的な愛情欲求の乏しさとは裏腹に心の奥底では、自分が大切と思う人から愛されたい、認められたい、受け入れられたいという気持ちが相当に強いと考えています。

その一方で、そんな欲求を自分で認めるわけにいかない、という苦しいジレンマに陥っている。大切な人を困らせることをしない自分の姿にナルシシズムの満足を感じ、それを貫くことが、大切な対象に認められ、愛される条件だと信じているからです。

ただし、ナルシシズムには病的な面がある一方で、より病的で深刻な心の状態に陥らないための防波堤となっているのも事実です。乳幼児があまりに強い欲求不満に晒され、絶望して自暴自棄になり、支離滅裂な心の状態になるのは避けなくてはなりません。

「母親がかまってくれないのは、自分が弱くて可愛くない、無価値な人間だからだ」という思考に陥るよりは、「自分は強いから母親なんかいらない」と考えたがる。程度の差こそあれ、誰にでもこのようなナルシシズムの働きはあります。ただし、まさにその程度によっては、深刻な心の病につながるということです。

安定した心を持つ人には想像しにくいでしょうが、強い不安や恐怖に圧倒されて飲み込まれると、人間の心はバラバラになってしまうことがあります。

要するに、我を失い、冷静に物事を考えられず、制御不能な状態です。これは非常に恐ろしい事態ですから、そうならないよう、危機に陥った心はまとまりを取り戻そうと必死に努力するのです。

高齢者の「被害妄想」に見る恐怖と不安

子どもに限らず、ナルシシズムは高齢になってからでも現れます。認知症の患者が物がなくなった時などに「嫁が盗んだ」「息子が盗んだ」といった被害妄想を口にすることは珍しくありません。なぜ、このような妄想が生まれるのでしょうか。

実はこれも心のまとまりを取り戻そうとする試みであり、高齢者のアルツハイマー型認知症の初期にみられる「被害妄想」も、ナルシシズムという観点から見ると理解しやすくなります。

現在、日本には約四百六十万人の認知症患者がおり、その半数以上がアルツハイマー型といわれます。この病気のはっきりした原因は解明されていませんが、脳の中の特定部位の神経細胞が次第に失われます。最初に失われるのが記銘力という記憶力の一種で、遠い昔の記憶を呼び戻すのはさほど難しくありませんが、新しく起きた出来事を記憶に定着させることができなくなっていきます。

知らないうちに記銘力が失われていくというのは、どんな体験でしょうか。物事が思い出せないケースが増えていくことに、少しずつ自分も気がつきはじめる。人生の後半にさしかかり、新しいことが覚えられない現実と向き合おうとする人もいれば、その現実を必死に頭から振り払おうとする人もいます。

やがて身近な対人関係においても、記銘力低下が原因でトラブルが生じるようになります。自分では身に覚えのない約束をしたと家族から責められたりすれば、激しく動揺することでしょう。信頼し、愛する相手であればなおさらです。それまでの人生で得た信頼関係が崩れ、尊敬する父（あるいは母）として扱われてきた自分が、ボケてしまった仕方のない人として扱われる屈辱を実感することになります。

この事態を外側から眺めている人は、アルツハイマー型認知症が原因だと知っています。しかし、当事者にとって素直に病気を受け入れるのは非常に困難です。もし自分が当事者になったと想像すれば、お分かりいただけるはずです。

アルツハイマー型認知症によって起こる、「記憶力を失っていく状態」。それは長い人生を支えてきた自分の信念の変更をも余儀なくさせます。それが、心がバラバラになるような不安や恐怖を引き起こすことがあります。

認知症は自らの「老い」、以前の自分とは明らかに違う「衰え」と、やがて訪れる「死」を連想させます。病気について共感されることのないまま、一方的に周囲から叱られるような状況が続くかもしれません。

そうなると、自分の威厳を軽んじるようになった人々への不満が高まります。そして大切な物が見つからない時、こんな考えが思い浮かんでしまうのです。「あいつが盗んだにちがいない」。残念なことに、この「あいつ」とは、最も近くで熱心に世話をしてくれる人であることが珍しくありません。

このような場合、私はカルテに「被害妄想を認める」と書きます。この「妄想」とは、単に「ウソを信じている」ことではありません。その妄想がなければ、あまりに強い不安や混乱が生じて、心がバラバラになってしまうかもしれない。つまり、自分の心を守るための必死の努力なのです。

人の心は弱いものです。「あの嫁のせいだ」「息子が悪いからだ」と考えて一時でも納得できるなら、それが心の安定をもたらしてくれます。これもナルシシズムの一つの現れであり、根拠のない、馬鹿げた妄想だと非難はできません。

精神医学を学んだ経験があれば、「妄想（＝患者さんが持つ間違った信念）を否定してはならない」という話を聞いたことがあるはずです。間違った信念に固執する人に対して、間違いを論理的に説明したところで本人への支援にはなりにくい。なぜなら、自分の信念を手放すことで自分と社会とのバランスを見失い、心がバラバラになり、余計に支離滅裂な言動をするようになるかもしれないからです。

心がバランスを崩している危機的な状況では、「自分は正しく、相手が間違っている」と信じて行動することが、唯一、自分の行動につじつまを合わせる手段となります。

ですから、精神医学の臨床現場では、その段階では患者さんの誤った信念を改めようとするのは回避し、患者さんが妄想に頼らなくても心のバランスを保てる状況になった時にはじめて、その間違った信念について面接で取り上げます。

人が生きていく中では、実に様々な場面で、自分の信念なり期待に添わない現実と直面します。ナルシシズムが良好に発達している人は、その現実を受け入れた上で適切に自分の信念や期待を修正し、自分の行動を変えていくことができます。

しかし、ナルシシズムの発達が歪んでいると、現実を否定し、そこから目を逸らしてでも自分のナルシシズムを守ることを優先するのです。

これは非常に強い不安に対しては一時的に普通の反応です。ただ、普段からこの傾向が強い、ナルシスティック・パーソナリティ（自己愛性格）は、頑なまでに自分の考えにこだわり、他人の意見に対して聞く耳を持ちません。

妄想分裂ポジション、抑うつポジション、躁的防衛

再び母子関係に話を戻します。少々専門的になりますが、ナルシシズムを考える上で基本的な考察なので、しばらくお付き合いください。

ヒトは哺乳類の中では、胎児として母親のお腹の中にいる期間が短いのが特徴です。哺乳類では、胎児が胎内にいる時間の長さと体の大きさとの間に相関関係がありますが、ヒトの場合は二足歩行と知能の発達が関係してきます。母親の骨盤が狭くなって胎児の頭が大きくなったため、長く母胎にとどまると外に出られなくなってしまうのです。

これは、ヒトが個体としては他の哺乳類と比べて、非常に未熟な状態で外界に曝されることを意味しています。ウマの赤ちゃんが生まれてすぐに立つのに比べて、人間の赤

ん坊は首が座るまでに四か月くらいはかかります。

そうした状況で、乳児の心はどんなことを経験しているのでしょうか。

もちろん言葉のない世界のことですから正確に再現はできませんが、精神分析家のクライン（1882-1960）は、そのような乳児の心を、「妄想分裂ポジション」と「抑うつポジション」という二つの概念によってひもといています。以下、ざっと説明します。

乳児の心は一つのまとまりを持たないまま、混とんとしています。そして時折り、「空腹感」や、「不快感」（オムツが濡れた、など）が突出して大きくなります。

空腹には授乳、濡れたオムツは交換、という具合に不快感や衝動がすぐに取り除かれると、乳児はそこに「快」を感じながら「良い世界」で時間を過ごします。ただし、そこでは、乳児は「外部」とか「他者」といった対象をまだ知りません。

では、空腹を満たす授乳や不快を取り除くオムツ交換がいつまでも行われないと、乳児の心はどうなるでしょうか。次第に不快な感覚が高まり、強い欲求不満に圧倒され、ついには心がバラバラになりそうな恐怖や不安を感じます。その時体験されるのが、「母の不在」です。乳児はそれに対して怒りや恨み、攻撃性や羨望を向けます。

これが人間の憎悪感情の最も原始的な形態で、不在である母は、不快をもたらす「悪い母」になります。つまり、母が「良い母」である場合は、乳児の心は自分を含めた全体を「良い世界」として体験していますが、反対に、母が不在の「悪い母」である場合は、自分を含めた全体が「悪い世界」として体験されるのです。

乳児は世界を時間的に連続したものとして体験できないため、「良い母」「良い世界」と「悪い母」「悪い世界」という二つの世界は、分裂したままで統合されていません。乳児の頭の中では、母親の乳房についても「良い乳房」「悪い乳房」が別々に存在していて、同じ母の、同じ乳房だとは思わないのです。

乳児にとって「悪い母」「悪い世界」「悪い乳房」は敵も同然です。あらん限りの攻撃性をそこに向けると同時に、その攻撃対象によって復讐されるのではないか、という迫害不安を抱きます。この引き裂かれたような心の状況を、クラインは「妄想分裂ポジション」と呼びました。**(図1、図2参照)**

乳児の頭の中（妄想）では、本来同じものである「母」「世界」「乳房」が分裂しています。ここまでの心の状態は、いわば一瞬一瞬を生きているだけで、周囲の環境に完全に従属しています。すると自分を攻撃する悪い対象（悪い母、悪い乳房、悪い世界）と自分が一体化して「悪い自分」となり、混とんとした不快な感情にのみ込まれます。

図1　妄想分裂ポジション（paranoid-schizoid position）

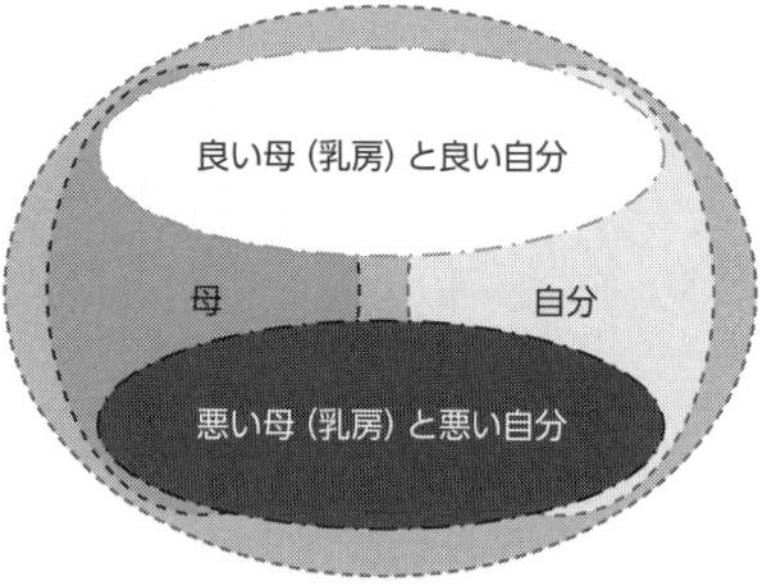

母子とも境界が曖昧で、自己と他者が混乱している（部分対象関係）。「良い母・良い乳房・良い自分」と「悪い母・悪い乳房・悪い自分」の情緒体験が、分裂（split）しており、頻繁かつ容易に入れ替わる。第三者の存在は意識からほぼ排除され、突然、情緒を暴発させるのが特徴である。

図2　投影同一視（projective identification）と迫害不安

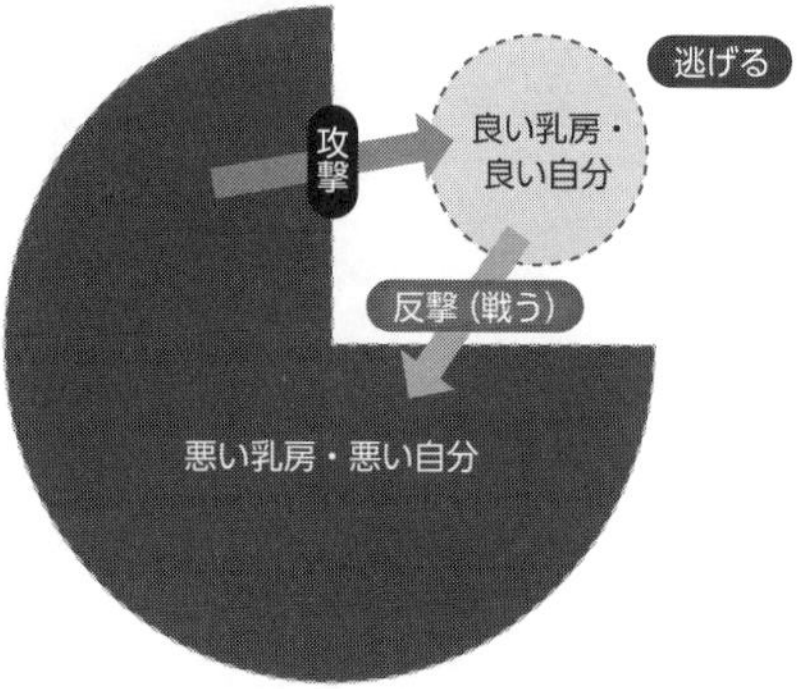

基本的に図1と同じだが、悪い体験（感情・考え）を自分の内にとどめる度量（capacity）がなく、母の中にあるものとして体験する。この防衛機制を投影同一視と呼び、欲求不満が引き起こす怒りは、相手が自分を攻撃するという迫害的な不安へと転換される。

しかし、成長するにつれて乳児は重要な事実を知ります。自分を不快にする「悪い乳房」が、実は自分にたくさんの快を与えてくれた「良い乳房」と同じものであり、母が一つのまとまりを持った他者だと知るのです。

この段階を通過することではじめて、乳児の心は一貫した、時間的連続性を持つものになります。この変容をクラインは「抑うつポジション」と名付けました。

「抑うつ」と名付けたのには理由があります。それまで「良い母」と思っていた対象が「悪い母」と同一であり、悪い乳房として攻撃し破壊しようとしたものが、現実には自分に快を与えてくれる良い乳房と同一のものだと知る。そして、「良い母、良い乳房、良い自分」という「良い世界」と、「悪い母、悪い乳房、悪い自分」という「悪い世界」が同一のものだと理解する。つまり、常に感情と空想に圧倒されていた心が、現実を知るようになるわけですが、これは心理的にかなり辛いことです。

しかし、ここを適切に通過することは、心の発達にとってきわめて重要です。妄想分裂ポジションから抑うつポジションを乗り越えて、心が自律的なまとまりを持つということは、母もまとまりを持った独立した存在であり、場合によっては「母の不在」を正当なものとして受け入れなくてはならないことを意味します。

「母の不在」に強烈な不安や恐怖や怒りを覚える自分の方が間違っていたと認めることですから、その体験は激しい苦痛と抑うつをもたらします。

では、乳児はこの苦痛から逃れるために、どうするでしょうか。

ここであえて対象（母）の価値を低く考えることで、痛みを和らげようとする心の働きがあります。つまり、母が独立した事情を持つ存在であることを否認し、自分の欲求に従属するのが当然だという内的空想を活発化させるのです。クラインはこれを「躁的防衛」と名付けました。

ナルシシズムには、自分に不快をもたらす対象を見下す躁的防衛がつきものです。

「自分にとってとても大切な存在であるはずの母が、自分を構ってくれない。これは自分が悪いからだ」

と思うのではなく、

「自分に構わない母が悪い。自分の思うように働くのが当然だ」

と考えるのです。

クライン派の分析家スィーガルは、躁的防衛には「支配」「勝利感」「軽蔑」などの感情が伴うと指摘します。自分を世話してくれた母という対象が、自分に従うのは当然だと考え、そこに依存しきって利用していながら感謝もせず、内心では軽蔑する。好ましいけれども自分の欲求を満たしてくれない相手（母）を内心で見下すことで、心に感じる苦痛を和らげようとするのです。そこには、相手を独立した他者として尊重せず、自分の一部として取り込もうとするナルシシスティックな心の働きがあります。

「妄想分裂ポジション」も「抑うつポジション」も、乳児が成長する上で通過せざるを得ない関門のようなものです。そして、その過程においては程度の差こそあれ、「躁的防衛」のような心の働きを誰もが経験しています。（図3、図4参照）

「甘えの構造」と想像上の一体感

乳幼児期からの子どもへの接し方については、たくさんの育児書に実に様々なことが書かれています。育児経験のない多くの親が迷うことですが、残念ながら、育児方法と周囲の環境、その後の成長過程まですべてを網羅するような大規模な調査は現実的ではありません。ここでは、精神分析の定説からひもといてみます。

精神分析家の土居は、人間のもっとも基本的な対人的な欲求とは周囲に「甘え」ること、相手の愛情に依存し、相手との一体感（親密に相手の世話を焼き、世話を焼かれる関

図3　抑うつポジション

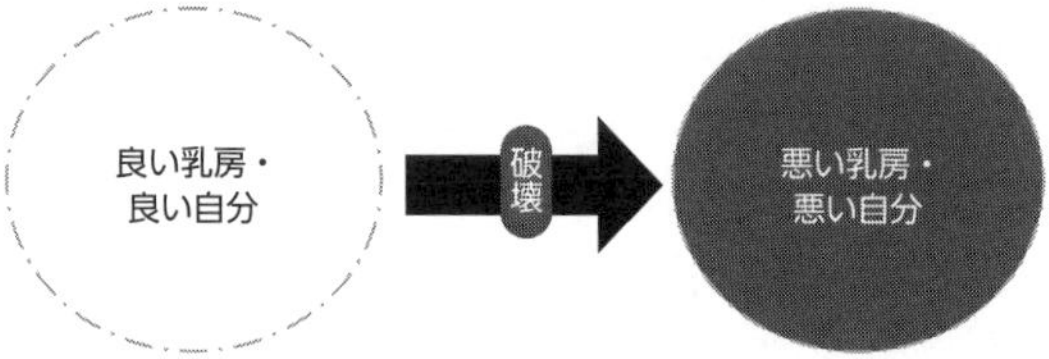

「良い母・良い乳房・良い自分」が「悪い母・悪い乳房・悪い自分」に猛烈に反撃し、破壊する。その際、破壊された悪い対象が、かつて自分に快を与えた良い対象であることを発見して激しい苦痛を感じる。これによって、自分も他者も、良いところも悪いところもある全体として体験され、自他の境界が明瞭になる。いわゆる自我（個）の確立である。

図4　躁的防衛

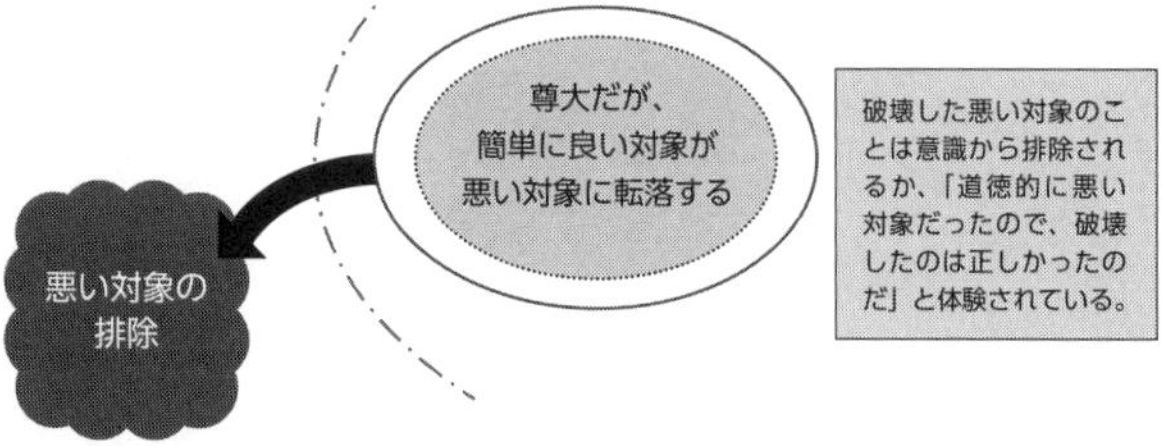

良い対象が悪い対象を破壊するところまでは図３（抑うつポジション）と同じだが、破壊した「悪い母・悪い乳房・悪い自分」を一方的に軽視する。価値のない対象ゆえに破壊しても罪悪感を抱かず、自己には何ら損失を生じない。「良い母・良い乳房・良い自分」は無傷のまま、抑うつポジションの苦痛を体験していない。これが長期に固定化したものがナルシシスティック・パーソナリティである。

係）を求めることだと指摘しました。

しかし、何らかの事情で「甘え」が満たされない時に、実際には一体感がないにもかかわらず、「想像上の一体感」を抱くようになることがあります。「想像上の一体感」と「現実的な一体感」が区別されるのは、そこに何らかの、見たくない現実についての否認が含まれているからです。

例えば、子どもが親から早すぎる自立を強いられる場合を考えてみます。親に甘えたい、抱っこされたい子どもは最初は泣き叫ぶなどして、両親を呼び寄せようとします。けれども両親は現れない。さらに声を上げて泣き続けても、聞こえているのかいないのか、やはり近づいてきて抱き上げてはくれない。甘えが満たされない経験が何度もくり返されると、後年うつを発症しやすい子どもはこう考えるようになります。

「両親は自分のことを愛しているけど、仕方のない事情があって来られないんだ」

「自分は強いから、両親がいなくてもきちんとやっていけるんだ」

甘えない自分に誇りを感じ、やがて意識の中から「甘えたい」という気持ちまで排除されるようになります。するとその子どもは、最初から両親に甘えることを期待しない、早熟で、ませた子どもになりやすい。少なくとも表面上は甘えることがなく、相手に依存したいという意識さえ伴わないことが多くなります。

「甘え」の欲求が適切に満たされるというのは、発達の状態に応じた適切な援助が（親など）周囲から与えられることであり、まったく甘えが満たされないことも、甘やかし過ぎも、精神的外傷として働くことがあります。

例えば、子どもの側が「抑うつポジション」を通過して自律的な心を持つ準備ができているのに、母の側が、大人になろうとしている子どもを頑なに認めないことがあります。この場合、母は子どもの分離という現実を否認して、逆に密着しようとするか、過剰に甘やかします。子どもの中に残存する幼児的な部分を刺激し、自分との一体感の中に留めおこうとするのです。簡単に言えば、「子離れしない母」「いつまでも子どもあつかいする母」がこれにあてはまります。

抑うつポジションを経て、子どもは「親には良い面と悪い面がある」「親と子（自分）は別の人間だ」という現実を知ります。それなのに、親が無意識的に子どもとの「想像上の一体感」に留まり続けようとすると、子どもがこのポジションを健全に通過できなくなります。

本来、人間関係における現実的な一体感とは、それぞれが独立して自律的な心を持った個人同士が改めて団結することによって得られるものです。その意味では、将来うつ病になりやすい人は、抑うつポジションを乗り越えておらず、一つの独立した心を獲得するにはいたっていないのです。

自分では「独立した他者と自分」、「親に甘えられなくても平気だ」と思っていますが、実はやせ我慢です。本音では他者との一体感を強く求めていながら、自分ではそのことに気づいていない。つまり、こころが分裂しているのです。

表面上は甘えの欲求がないようでも、心の奥底では母と同一化している。こうした機制によって母を内部に取り込んでしまうと、将来、病的うつの出現につながります。なぜならこれは、「妄想分裂ポジション」における「良い」と「悪い」の分裂状況がきちんと解決されないまま、心の内側に留まり続けている状態だからです。

こういう人の場合、後の人生で大きな挫折や喪失を経験したりすると、妄想分裂ポジションが息を吹き返し、強烈な怒り、羨望と攻撃性がよみがえります。それが他者に向かうと「暴力」になり、対象が自分の中に内面化されていると「自責」「自罰」に向かいやすい。引きこもりの人たちによる家庭内暴力、あるいは自殺念慮などもその現れです。ちなみに精神分析の創始者フロイトは、攻撃性が内面化された場合に、病的うつ

（メランコリー）が生じると考えました。

話をまとめますと、「躁的防衛」、「想像上の一体感」、「ナルシシズム」は、どれも同じ出来事の、それぞれ別の側面を言い表しています。現実的な一体感が不在であることの苦痛を「躁的防衛」によって否認し、「想像上の一体感」を保とうとする。このような心の働かせ方が「ナルシシズム」ということです。

つまり、「他人（や組織）は、自分と別の独立した存在である」という本当の現実より、「一体でありたい」というナルシシスティックな願望のほうが優先されるのです。

アルコール依存症にみられる共依存

「想像上の一体感」の具体例として、アルコール依存症の夫とその妻の間によく認められる関係性から説明します。

アルコール依存症が進むと、身体の健康を損ない、仕事を続けるのが困難になるなど日常生活が大きく妨げられます。それでも患者が飲酒を続けられるのは、経済的援助を与え、お酒を買ってくるなど身の回りの世話をする人がいるからです。多くの場合、妻など家族がこの役割を果たしています。

経済的負担ばかりか、夫による社会的不義理の始末を押し付けられ、直接的な暴力や暴言を向けられ、身の回りの世話を焼くことまで要求される。外から見れば、この時点で妻が家を出る決断をしたとしても、何の不思議もありません。

しかし、妻の側にも現実を否認し、「想像上の一体感」を求めるナルシシズムが働くとどうなるでしょう。妻が夫に対して抱く感情は愛憎半ばすることになります。

妻は夫との長い生活の中で、現実的な不安が意識されにくい習慣がすでにできています。将来への不安には目をつぶったまま、夫がつかの間に示す優しさについ喜んでしまう。その代償として、経済的搾取や暴力にも甘んじて耐えようとさえします。

わがままな幼児のような夫の世話を焼くことで、「母親のように子ども（夫）の世話をする」というナルシシスティックな空想、すなわち「想像上の一体感」が満たされるのです。

こうしたアルコール依存症患者とパートナーとの関係性は、「共依存」と呼ばれます。どちらも「抑うつポジション」を経た健全な心を獲得できず、想像上の一体感が得られた時の満足と、得られない時の苦痛に翻弄されながら日々を過ごしています。

この場合の治療は、本人とパートナー、どちらに対しても想像上の一体感を少しずつ断念し、意識から排除されている現実的な不安——アルコールの大量摂取による身体的・精神的な害、現状を続けることによる経済的困窮、あるいはアルコールに逃避してしまう原因そのもの——について、きちんと考えられるようにしていく必要があります。

先に紹介したAさんは、自分のこと、職場や会社の同僚や上司、そして治療について、およそ現実的に考えることができませんでした。彼の心の中では「職場に迷惑をかけている自分」という意識が排除され、「管理的な部門への不満」と「職場の上司や後輩の世話を見ようとする言動」にこだわり続けていました。

本来なら、Aさんは自分の弱さと、会社にもさまざまな現実的な制約があり、必ずしも自分の空想的な期待に応えることができないという現実に意識を向けるべきでした。しかし、自分の弱さという現実を否認したまま、周囲の人の弱さにこだわり続け、想像上の一体感を再建しようと空回りしていたのです。上司や会社側からすれば、Aさんは「上から目線」の言動をやめない上、体調管理には真剣に取り組まないのですから、不愉快だったかもしれません。

Aさんは常にその場の一体感を求めることに懸命でしたが、残念ながらそれは、常に「想像上の一体感」にとどまっていました。そして、本人が期待するような賞賛や支持を周囲から得られず、逆に対人場面で欲求不満を覚えることが多くなった。それが深刻な精神的な危機へとつながっていった。そこにはAさん自身の未熟なナルシシズムが関与していました。

第三章　集団とのかかわり方とナルシシズム

自虐的世話役とは何か

精神医学上のパーソナリティの中で、「日本人らしさ」と関係が深いものとしてよく挙げられるのが、精神分析家の北山修が論じた「自虐的世話役」と、うつ病になりやすい病前性格とされていた「メランコリー親和型」の二つです。

どちらも人として良心的であるにもかかわらず、周囲の都合に抵抗できないまま、精神的に追い詰められてしまう傾向があります。本章では「自虐的世話役」について説明し、「メランコリー親和型」については第五章で取り上げます。

「自虐的世話役」とは文字通り、自分を傷つけてまで他人の世話を焼こうとする人々です。そんな生き方が自分を社会に適応させる方法となっているだけでなく、こうした振る舞いは一般に社会からも評価されやすく、求められている面があります。

しかし、文化的に美化され、理想化されているがゆえに、困った側面については見過ごされてきました。自分も世話を焼かれたいという欲求が否認される代わりに、ひたすら誰かの世話を焼くことで、「想像上の一体感」を間接的に満たしている。その上、きちんと自分の立場を説明して、適切な自己主張をすることができなくなっている。当然ながら、ここには社会的な問題が生じます。

北山は、自虐的世話役の特徴について、「他者を世話することを止められないこと、それが可能なときで実にそれが必要なときでも自分の面倒が見られないこと、さらに自虐的な傾向や自己破壊的な癖が存在すること」だと説明しています。

「他者を世話する」まではいいとして、それを超えて「自分の面倒が見られない」「自虐」、さらには「自己破壊」となると大変です。

自虐的世話役は英語で *masochistic caretaker*、マゾヒズムとつながります。普通、自分についての現実的な状況が整うことと、情緒的な満足を感じられることは結びつきます。空腹が満たされたり、厳しい仕事から解放されたりすることで、私たちの情緒は満足する。しかし、「自虐的世話役」はそこのつながりが崩れているのです。

例えば、疲れた時に休息をとって安らいだ感情を抱くと、それによって想像上の一体感が損なわれたように感じられ、逆に罪悪感を持って不安が高まってしまいます。

「私はこんなふうに休んでいていい立場ではない。会社も部下も大変な時期なのだから、一瞬たりとも気を抜いてはいけないのだ」

こう考えるような人には、自分を何らかの意味で貶めて、他人や組織のために奉仕するところまで追い込まないと情緒的に満足できないという特徴があります。

この性質は、普通の家庭の母親から重度の精神疾患に苦しむ人まで、広い範囲で認められます。どちらかというと女性に多いのですが、過剰適応（周囲の環境に合わせようとしすぎること）で心身症状態を繰り返している男性にもしばしば見られます。

これらの人々がよく「空気を読む」人であることは明らかで、その場の空気を読んで誰に言われるでもなくマメに働く人、報いを求めるわけでもなく働きづめで疲れすぎている人、そんな人たちのことを連想してください。こうした人々が、巻き込まれた人間関係や状況によって、ひどい被害を受けることは容易に想像されます（近年、「ブラック企業」と呼ばれる問題については後述します）。

人が成長する中で、自虐的世話役になる要因として考えられる状況は二つあります。

「母（的な環境）が弱くて、子が安心してそこに頼れない」

「父（的な存在）が母と子の間で、是を是、非を非とする調整を行わない」

前者は、例えば母が肉体的な病気で、子どもが甘えたくても甘えられない状況です。子どもは子どもらしく、のびのびとわがままを言うより我慢すること、「弱い母に負担をかけない」ことが求められます。このような養育環境で育った子どもは、自分のわがままを我慢して親に気をつかう自分の姿に誇りを持つようになり、周囲もそのような性質を「しっかりとした子ども」だと褒めるでしょう。

ただし、ここには問題がひそんでいます。前章で論じた「現実における一体感の不在を、想像上の一体感によって防衛するナルシシズム」です。

親に甘え、受け止めてもらいたいという子どもらしい願望が意識から切り離され、思いつきもしなくなっている代わりに、自分は社会的に格上の親の世話を焼いている、という背伸びしたイメージから情緒的満足を得ることで自分の心を安定させています。これは、ナルシシスティックであると同時に、マゾヒスティックな満足です。

自虐的世話役は、「親に迷惑をかけない自分」に自信と誇りを持ち、それを理想化する一方、「親に甘えたい心もある自分」という現実は否認しています。そのような人が、「親に迷惑をかけてしまった自分」を意識すると、強い罪悪感や恥、不安などの感情を過剰に体験してしまいます。

ただ、こうした感情を自分の葛藤として受け止められるのは、ナルシシズムの問題が比較的軽度の場合です。ナルシシズムの問題が重度になると、もはや自分の葛藤ではなく、相手の問題にすり替えて激しい攻撃に転じる可能性があります。

例えば、仕事で何かミスをして他の人にフォローしてもらったとします。普通は相手に感謝するものですが、自分が「世話をする立場」から「世話をされる立場」に転落してしまったことからくる怒りに圧倒され、妄想分裂ポジションの「悪い自分」がよみがえり、それにのみ込まれ、目の前にいる他人を被害妄想的に攻撃してしまうのです。「(自分がミスしないように)何で事前に教えてくれなかったんだ！」と怒りをぶつけるようなケースで、最近は「逆ギレ」と呼ばれる現象です。

「完璧な母」より「十分に良い母」

「母(的な環境)の弱さ」にも様々あって、肉体的には問題がなく、外見上は普通の母子関係のように見えても、実際は、子どもの心が独立した個人としてまとまりを形づくるための情緒的サポートが不十分な場合もあります。

最近、母親の過剰な束縛によって受けた心的外傷や、大人になって自分が子どもを育てる時の苦しみについて告白する本の刊行が相次ぎ、「毒親」という言葉もメディアを賑わせるようになりました。当然それぞれに環境は異なりますが、抑うつポジションをきちんと通過していない、ナルシシズムに問題のある母が子どもの自立を温かく支えることは困難であり、そこには共通した傾向が窺われます。

例えば先述のように、母の側のナルシシズムが未熟で、子どもとの想像上の一体感に固執してしまうケースです。子どもが知らない場所に出かけたり、新しい友だちを作ることを嫌がる母は、子どもとの分離に耐えられない精神的な弱さを抱えています。

また育児中に母の方の不安が強まり過ぎてしまうこともあります。例えば、子どもの「甘え」が許容されて当然という場面で、それを受け止められず、自分を「子どものニーズを満たすことのできない悪い母」だと考える。すると母はそれがもたらす不安や罪悪感から逃れるために、次のような行動に出ることがあります。

一つは、子どもの健全な発達に必要な物質的、心理的ニーズが満たされていないことを否認し、そのままの事態を黙認します。これはネグレクト、間接的な虐待につながります。あるいは、子どもの不満の原因が自分＝母（的な環境）にあることを否認し、子どもの側に問題があるとして一方的に責めたてる。これがエスカレートすると、暴力的な虐待にいたります。

厚労省の調査によれば、二〇一四年度に全国の児童相談所が対応した児童虐待の件数は約九万件にのぼり、一九九〇年に調査を開始して以来、一貫して増え続けています。少子化で子どもの数が減り続ける中で、なぜこうした親の行動が増えているのか、より子どもが大事にされるのが自然ではないのか、そう考えるといささか矛盾しています。

自虐的世話役が対象を世話することは、一見すると、無償の愛の行為のように見えます。しかし、精神分析的な立場はそこに無意識の欲望を見出します。相手が無力な幼児であれば、世話役は圧倒的に強い影響力を保持できる。そこからナルシシスティックな情緒的満足を得ているパーソナリティにとって、自分の世話の対象が成長し、力を得ることは、避けるべき忌まわしい出来事として体験されるのです。

こうしたナルシシスティック・パーソナリティの特徴の一つが「自己愛性憤怒」です。その自虐的世話役の人には、面倒を見ている人々に対する無意識的な支配欲があります。その対象から十分な感謝や返礼が得られないと、自分の空想が破れたことによって激しい怒りをあらわすのです。

もともと乳幼児の「妄想分裂ポジション」や「抑うつポジション」、「躁的防衛」などがもたらす感情は原始的で非常に強烈なもので、通常の社会生活をしている大人の心の動きとは異質なものです。抑うつポジションをきちんと通過せず、「想像上の一体感」によって心のまとまりを保っている人は、そのナルシシズムの防衛が崩れると、そういう原始的な情緒、さらには攻撃性が刺激されます。

つまり、親として不十分だという事実を突きつけた子どもによって自分のナルシスティックな空想を維持できなくなり、強烈な攻撃性を子どもに向けてしまう可能性があるのです。

かつては奔放な子どもであっても、今は独立した大人の女性として、それを自分のパーソナリティの中に統合できている母親なら問題はないでしょう。

しかし、子どもの頃に母に十分甘えられず、わがままを受け入れてもらうことなく育った女性が、母になってわが子の「わがまま」を素直に受け入れるのは困難です。自分が表現できなかったことを自由に表現する子どもに対して、羨望の思いすら抱くかもしれません。

小児科医から転じた精神分析家ウィニコット（1896–1971）は、育児において望ましい母の姿を「十分に良い母＝*good enough mother*」と呼びました。決して失敗しない母より、時々は失敗しても、全体としてそれなりにうまく育児をしている母のほうが、子どもの情緒発達のために望ましい。「完璧な母」は、育児でうまくいかないことがあるたびに、過剰な不安や精神的葛藤を抱きやすいというのです。

自虐的世話役の人々は、人生において「押し付けられた罪悪感」を感じることが多いと指摘されます。家庭内で何かあると、すぐに「おまえの我慢が足りないから」、「おまえがもっと気をつけていれば」と責任を押し付けられ、頻繁に罪悪感を抱かされて育つと、大人になって社会に出た後の人間関係においても罪悪感に敏感になる。つまり、「空気を読みすぎる」人になるわけです。

逆に言えば、罪悪感を押し付けられる状況を避けようと懸命になるあまり、人間関係の他の側面を楽しむことができなくなる。「完璧な母」には、そうした側面があります。

「押し付けられた罪悪感」は、無意識的に支配・被支配関係を作ろうとします。

例えば、遅くまで職場に残って仕事をする人は、疲れた姿をアピールすることで、上司や同僚、部下に対して自分の権威を認めてほしいという願望が無意識に働いている。

また精神的に不安定な若者が、恋愛相手の前で自傷行為におよぶのは、罪悪感を押し付けることで相手の心を支配したいという欲求が働いているためです。

他人から世話されるたびに、どこかで「申し訳なさ」や「負い目」の感情を抱くのは、人間としては自然な感情です。しかし、過度にそれを感じ、避けるのは問題です。

心理療法としては、ある程度まで「押し付けられた罪悪感」を拒絶できるようになること、つまり「多少は自分勝手な振る舞い」ができるようになることが大切になります。ただ、セラピストも自虐的世話役の傾向があったりすると、かえって患者の罪悪感を強化するように働きかけてしまうことになるので注意が必要です。

自虐的世話役の人がそうした罪悪感をかわせるようになってくると、次第に自分についても相手についても、全体として違った側面が見えてきます。これは、自分の欲求を抑えることを理想化するナルシシズムが緩和してきたことを意味します。

両親との共依存関係から重度のうつに

三十代の男性会社員Cさんは、会社員の父と専業主婦の母の間に一人っ子として生まれました。小学校時代の成績はふるいませんでしたが、中学に入って英語で良い成績をとり両親に褒められたことで発奮。その後はよく勉強するようになり、優秀な成績で高校を卒業し、私大での四年間は楽しく過ごしていたようです。いわゆる反抗期はありませんでした。

大学を出て就職した会社では販売の仕事に就きました。就職時の面接担当者がCさんを気に入って自分の支店に呼んだそうで、その上司の庇護の下、「お客様と世間話をして、笑顔を見るのが楽しい」と感じながら働いて業績を伸ばし、同期の中で最も出世が早かったそうです。二十代半ばで結婚し、二人の子どもに恵まれました。

その生活に影が差しはじめたのは、三十歳を前にして、会社の事情でCさんの現場の人員が減らされてからです。朝早くから商品を運ぶなど心身の余裕が失われる一方で、人当たりの良さを見込まれて、難しいクレーム対応を任されるようになりました。「怒った相手をなだめるのが上手だった」というCさんは残業が増え、こじれた相手に対応するため他店まで派遣されることもありました。

数年後、職場がさらに忙しくなる中で、管理職になるための社内試験を受けるよう求められました。しかし、勉強の内容が全く頭に入らないことに不安を覚え、はじめてCさんは精神科外来を訪ねます。私は重いうつ病と診断し、数か月間の休養と抗うつ薬の服用を指示しました。すると一時的には回復するものの、焦りから回復が不十分なままで職場に復帰し、無理なオーバーワークによって再発をくり返しました。

Cさんの生活は次第に乱れ、途中から飲酒や浪費の問題が現れました。そのため会社や妻からの信頼が失われ、三十代半ばには医師に「死んでしまいたい」と訴えるようになり、最初の入院をしました。

入院後しばらくして、Cさんから「実は妻と離婚をしたいと考えている」と相談がありました。しかし、よく話を聞くと、離婚を考えているのは妻の方でした。

夫が働けなくなって家庭の収入が減り、妻が必死に働いて家計を守っていましたが、それでも夫は飲酒や浪費をやめない。義父母が息子をかばい、妻を批判してばかりいることも苦痛でした。かなり前から妻はCさんに離婚を申し入れていましたが、Cさんは離婚という認めたくない現実を意識から排除していたのです。

「これ以上、私一人で育児と仕事、それからあなたの世話を続けるのは無理です。この状況が分かってる？　せめてお酒とお金の無駄遣いをやめてくれないかしら」

「大丈夫だ、もうくり返さないよ」

「その言葉は何度も聞きました。どうせまた口先だけでしょう。私が朝早くから働いてくたくたなのに、あなたは働きもせずに好き放題。体力的にも経済的にも限界です」

「……仕事でイライラしているおまえの気持ちを受け止められず、すまないな」

Cさんは悠然として目を閉じ、うなずいていました。その様子に妻はいらだちを募らせますが、そのことにCさんは一向に気がつきません。Cさんの中では、「疲れている妻に気をつかう自分」というナルシシスティックな空想が支配しているのです。こうなると、関係修復は困難です。私は医師として、せめてうつの治療中に大きな決断をするのは避けるよう勧めましたが、結局二人はその後に離婚しました。

Cさんは、「妻の労働のつらさに共感する」という想像上の一体感を通じて、事態を解決しようとしました。しかし、そのナルシシズムは自分の浪費や両親への過剰な依存が妻を苦しめているという現実を否認したまま、「上から目線」で妻に応えようとした。都合の悪い現実を切り捨てるだけの夫に妻は憤り、離婚せざるをえなかったのです。

入院中、私はCさんの親子関係について詳しく知ることができました。治療の中で、ご両親には過保護で過干渉な面が目立ちました。Cさんが親に甘えると同時に、両親の方も情緒的にはCさんに頼っている。すなわち「共依存」と呼ばれる状態にありました。

母はある慢性疾患を患っていて、Cさんがうつ病で治療をはじめてからは時々、「病気の具合が悪くなっちゃった。でも、あんたのせいじゃないからね」

と言ったそうです。Cさんはそのたびに心に「ドスンと来る」ような重さを感じたといいます。「あんたのせい」ではないとわざわざ口にするのは、内心「あんたのせい」だと思っているからだ、と受け止めるからです。

「幼い頃から母には欲しい物は何でも買ってもらい、使いたいだけお金も使わせてもらっていた。そのことが一番の悩みでした」

そう話すCさんは、母の愛情に感謝すると同時に「申し訳なさ」や「借りを作る」という感覚を押し付けられていました。そのことに苦しみ、母に支配されているという感覚を持ち続けていた。本人の進路なども全て母が決定したそうです。

一方、父についてはどうでしょうか。

「父は何でも私の手柄にしてくれました。お葬式で、父が他の人たちの靴を揃えたのを『うちの息子がやりました』と説明して、私がみんなに褒められたこともありました」

このエピソードが示すように、「父が何でも気を回してしまう」とCさんは感じていて、父の側も、Cさんが独立した個性を持つ存在だという意識が希薄でした。

両親からCさんへの愛情表現は、成長して大人になりたいというCさんのニーズを無視したものでした。「幼いわが子の世話をする自分たち」という両親の「想像上の一体感」を押し付けられ、Cさんの幼児的な欲求は刺激され続けますが、反抗心や独立心という現実は否認され、排除されています。両親に圧倒され続ける感覚を持っていたCさんは、幼い頃のことを振り返ってこう言いました。

「親の前ではろくに話せないし、目線も合わせられない。なぜかわかりませんが、昔からそうです。弱さを見せられない、いい子でいようという意識が幼い頃からあって、三人でテレビを見ていても腹の底から笑ったことがありません。むしろ無表情でした」

私が「自分を大切にすることが大事ですよ」と言うとCさんは、「自分を大事にする、とはどういうことか分からないのです」と言います。「では次回、『自分を大事にする』ということについて話し合いましょう」と言うと、Cさんは「自分を大事にする」という言葉をネットで検索し、該当記事を相当量読んでから面接に現れました。「先生に喜ばれるような、立派な答えをしたかった」そうで、そのために疲労しているのでした。

第三者の適切な介入が不可欠

自虐的世話役が成立する条件として、「母（的な環境）が弱くて、子が安心してそこに頼れない」こと、それと「父（的な存在）が母と子の間で、是を是、非を非とする調整を行わない」ことを前に指摘しました。

成長していく子どもの能力は、短い期間でずいぶん変化します。そこで、親が子に期待してよい能力の程度と適切な評価とはどうあるべきなのでしょうか。要は無理させ過ぎず、甘やかせ過ぎず、という適度な調整がなされることが望ましいのですが、先述のように、母がうまく機能していないことがあります。

そうした場合、父親という第三者が、「今のはお母さんが無理を言っているよ」、「今のは子どもの方がわがままだ」といった判断を信頼できるかたちでしてくれれば、子どもたちもそれを取り込んで身につけていくことができます。このような経験が、後年になって健全な自己主張の能力を身につけるためには重要です。

しかし、子どもの欲求不満の場面で父が第三者としての判断を示さず、その機能をきちんと果たさないと、第三者の判断という現実が関与しないまま、母と子は「想像上の一体感」にからめとられたままになります。

育児に問題があるというので母が罪悪感を抱くと、それを察した子どもの方もまた罪悪感を抱く。そうした体験が自虐的世話役にはみとめられます。

そのような子どもは、母が「傷つく」言動を自主的に控えるようになります。それによって「やさしい子」「良い子」と高く評価されることで、さらに子どもは母親の感情を察する能力を高めていく。どちらのプロセスも、わざわざ感情を言葉にするような水臭いことをしなくても、お互いに気持ちを察することで成し遂げられます。これが、後年の「空気を読む」能力につながるのです。

先のCさんは子ども時代、両親に「過大な恩を受ける申しわけなさ」を感じ続けていました。そして、自分がうつ病になって社会的役割を果たせないことが、母に苦痛を引き起こしていると暗に指摘されるたび、心に「ドスンと来る感じ」を体験していました。

普段、黙々と他者の面倒を見る自虐的世話役は、伝統的な日本社会においては多くの美徳を持っていますが、西洋近代が理想とする、適切な自己主張の能力に高い価値を置く精神分析の立場からは、問題のあるパーソナリティとみなされます。

母への不満が意識的に抑制されているうちは、まだいいのです。しかし、小さい頃から積み重なった親への不満が意識から切り離され、やがて忘却されます（消却ではありません）。Cさんも、治療が始まってしばらくするまでは、「親に弱さは見せられない。いい子でいよう」という子ども時代の情緒体験は失われていました。

こうなると、怒り、悲しみ、嫉妬など、自分の中の否定的な感情と向き合うのは難しくなります。自虐的世話役は、健全な自我の統制の下で、怒りの感情を意識の中にうまく統合する訓練がまったくなされていないことが往々にしてあります。それが何かのきっかけで、意識から切り離していた否定的感情が刺激されると、周囲が「あのおとなしい人がなぜ?」と驚くような言動を示すことになります。

自虐的世話役の患者の治療が進んで、忘却されていたマイナス感情や記憶が動き始めると、今度はそれを幼児的な形で他人にぶつけるようになります。

つまり、それまでは「いい子」であることしか許容されなかった個人が、精神療法と関わることで、「攻撃的に要求する子ども」を取り戻すのです。それに治療者が傷ついたりすると、そのことでまた患者自身が傷ついてしまう。治療者はそこに適切に対応しなければなりません。

普通は、いい子である自分も、そうではない自分もうまく統合されているものですが、想像上の一体感にからめとられた母子関係では「いい子」であることしか許容されないのです。

そこに隙間を作る調整役として期待されるのが父親ですが、Cさんの父は第三者の立場ではなく、母と同じようにCさんとの想像上の一体感にとどまっていました。そしてその理想に合わないCさんの姿を見いだした時、両親の中にわき出た感情は怒りでした。人は、ナルシシズムを傷つけられた時に非常に強い怒りを抱くのです。

日本の文化は、「空気をよく読み、周囲に不快な思いをさせる言動をしない」というイメージを理想化する傾向があります。もともと日本社会は、情緒的な一体感を保つことで社会の秩序と統制を維持してきました。そこでは情による強固な結びつきが作り出される一方で、第三者の立場として機能しうる、「法」や「論理」という文化の発展が妨げられるという欠点が存在しました（これについては次章で詳述します）。

それは、家庭内で母子関係に割って入る第三者としての父の働きが少ないこと、家庭外での社会的トラブルが法や外部機関の介入によって解決されることが少ないこととも対応します。第三者よりも「義理・人情」、あるいは「その場の空気」「人間関係」を優先しようとする。そうした暗黙の社会的強制に依存して秩序が守られる。そういう場面が、現在でも少なくありません。**（図5参照）**

エディプス・コンプレックス未満の個人

母子関係に対する父親の役割は非常に重要です。

図5　自虐的世話役

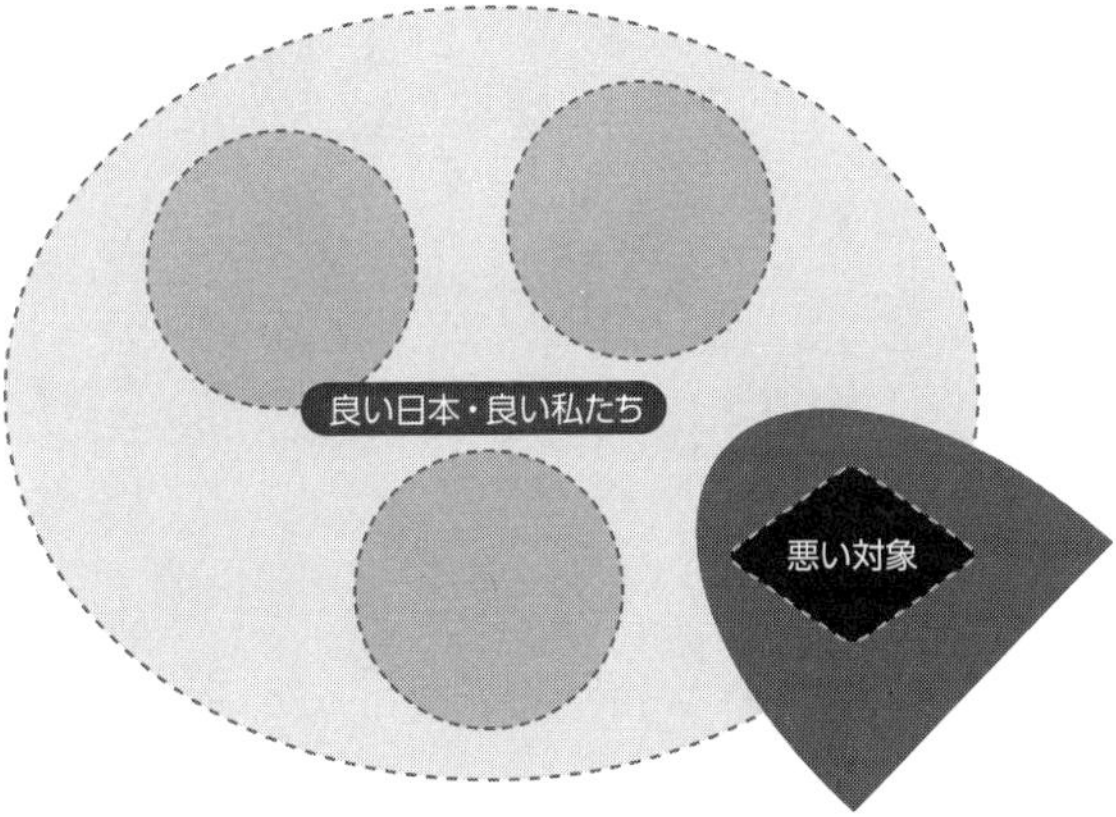

抑うつポジションを通過しておらず、自我が確立されていない。「悪い対象」は意識から切れ離され、排除されている。このように自他の境界が曖昧な個人が情緒的に結びつこうとする状態を「共依存」と呼ぶ。その対象が「日本」であれば「日本的ナルシシズム」になる。意識内に入ってくる悪い対象を道徳的な悪と見なして、村八分のように全体として攻撃しようとするため、全体の調和を乱すような重要な課題について考えることができない。無意識のうちに常に相手より道徳的優位に立ち、負い目の感情を引き起こすことで情緒的支配力を及ぼそうとする特徴がある。

先にふれたフロイト（1856-1939）は、無意識について理論形成していく過程で、愛する父に対して隠れた敵愾心を持つ自分自身に気がつきました。そして、父というライバルがいるために母の愛を独占できないことに対する欲求不満、すなわちエディプス・コンプレックス（*oedipus complex*）を発見しました。

この認識にいたるまでの内面の葛藤は大変なものだったようです。フロイトは、エディプス・コンプレックスの葛藤を乗り越えられず、そこに情緒的に固着することが神経症の原因であると考えました。しかし、現代の視点から考えると、そこまでエディプス・コンプレックスの影響を評価するべきか、少々疑問を感じます。

西洋近代の文化を考える上で重要な心理的機制だとしても、他の文化にもそのままあてはまるとは考えられません。その反証の一つが、日本社会です。

例えば、日本では幼稚園児が両親と川の字になって寝るのはごく普通ですが、西欧諸国ではその頃にはとうに両親のベッドから別の個室に移されています。父をライバル視するエディプス・コンプレックスの概念、フロイトの精神分析が日本でなかなか受け入れられない理由の一つです。

それより日本社会では、母子関係が情緒体験に与える影響の方がずっと目立ちます。

やはり、母子関係を中心とした幼児の心の発達に注目した女性分析家クラインの理論が参考になります。フロイトが「大人のなかに子どもを発見した」と言われるのに対して、クラインは「子どもの中に幼児を発見した」と言われます。

クラインのような分析家たちが人間の無意識的な空想や願望を探っていく過程で、父だけではなく母に対しても、子どもが強烈な敵意や攻撃心を向けていたことが分かってきました。すでに説明した妄想分裂ポジション、それに続く抑うつポジションを通過していることが、エディプス・コンプレックスの段階に進むための前提になります。

西洋近代の文化では、エディプス・コンプレックスを通過して、独立した自律的な自我を確立した「個人」が当然に要請されています。その個人の前提の上に、法や契約を媒介として、個人同士が結びつく社会が成立している。民主主義、資本主義、科学的な知識といった文化的所産は、すべてここを通過した「個人」と組み合わされて成り立っているのです。

しかし、日本の社会はそのような「個人」を基盤として成り立ってはいません。個人の確立よりも、想像上の一体感のほうに流されがちです。そのせいか日本の世間は困難に直面すると、えてして論理ではなく情緒的に結びつこうとします。そこには「想像上の一体感」にこだわり、直面する課題を過小評価する「躁的防衛」、すなわち現実を見ようとしない「ナルシシズム」への引きこもりが窺われます。

本来、家庭内の母子関係は、社会の中の様々な人間関係とは異質であるはずです。しかし日本においては、自虐的世話役の母子の間に認められる関係性が、社会に出てからの組織と個人との関係性に、均質性を保ったまま横滑りをしているように見えるのです。

次章では、この問題について考察してみます。

第四章　日本人の伝統的心性からの考察

論理的垂直性より情緒的水平性

ナルシシズムは、他者の目に映る自分が、理想にかなった賞賛される姿であることを強く求めます。容姿や収入、家族や仕事まで要素は様々ありますが、何であれ自分には他者にない長所があり、他者がそれをうらやむことに最も強い喜びを感じる。「鏡をめぐる病」という言い方もされます。

しかし、自分が望むような評価が与えられなかったり、さらには軽蔑され、無視されたように感じたりすると、狂おしいほどの苦痛を感じます。自らが美しいと感じられる自分の姿を取り返さなくては、心がバラバラになってしまいそうになるのです。

したがって、ナルシシズムの病に苦しむ人は、社会や自分の周囲の人々がどのようなものを求め、何を高く評価するかにとても敏感です。家族、会社組織、国家などが理想とする姿に自らを合わせ、友人や同胞たちから高く評価され、羨望のまなざしを向けられる。そのような立場を獲得することを何より強く求めているのです。

現代の日本社会に生きる人がナルシシズムの病にとらわれたら、どのような振る舞いを示すのか、ここまで三つの臨床例で端的に紹介しました。社会において伝統的に重んじられる価値観に沿って、その「場」に全身全霊で結びつこうとする。それによってナルシシズムが満たされ、客観性や個人の価値が重んじられる余地がありません。そのことが、回復を妨げる要因となっていました。

ここからはしばらく精神科の臨床を離れ、日本文化と日本人の伝統的心性について、いくつかの角度から考えてみることにします。

前章で述べたように、自虐的世話役を作る要因の一つは、母子の間に入って是々非々を判断する父の働きの欠如でした。この場合の父は社会の価値観や秩序を体現する存在ですから、具体的な家庭内の要請との葛藤が生じます。つまり、親子の関係という内輪の論理に、世の中という外部の論理が持ち込まれるのです。

しかし日本の社会では、父が体現する価値観も、日本社会という集団内の情緒的なもたれ合いに影響されています。

本章ではまず、日本人の心性というものが、いかに目前の具体的な現実にとらわれているか、文学と宗教から見てみます。それは、キリスト教など一神教の文化が現実を超越した存在、「普遍・絶対・無限」といった価値を追求するのと著しい対照をなします。日本人は外来文化を総体として受け入れるのではなく、個別的、具体的なものに解体していくことに熱心です。

例えば、クリスマスの教会で熱心に祈りを捧げる人たちを見て、その信仰の総体を理解することより、パーティなど具体的な行事を集団として楽しむことのほうに重心が傾いていく。教会美術や音楽に対する個別の関心も、キリスト教という包括的な体系とは別個のものになりがちです。ハロウィンの仮装行列なども同様で、その背景にある歴史について積極的に理解しようとするより、集団的な祝祭感に流されやすいのです。

つまり、日本文化には目の前の具体的状況への強すぎる愛着と、普遍的・理論的なものへの生理的な嫌悪感が共存しています。論理をもとに人間の心を垂直方向に立ち上げる力が弱く、水平方向の情緒的拘束力が強い。その作用を受ける文化とそこへの同一化から生まれたものが、筆者が日本的ナルシシズムと呼ぶものです。

「土着の世界観」と「日本人の思惟方法」

評論家の加藤周一（1919-2008）に、日本の「土着の世界観」という言葉があります。古代から現代まで日本の歴史に現れた広範な範囲の文献を、「文学」という観点から整理・解説した名著『日本文学史序説』に出てくるものです。

加藤は、日本に導入された重要な外来思想として、仏教、儒学（朱子学）、キリスト教、マルクス主義の四つを挙げています。いずれも、その時々の社会情勢に左右されない確固たる抽象的理論体系を持っていて、普遍的な価値を定義しようとする思想です。

それに比べると日本の土着の世界観というのは、それが包括的な体系を持つことはなく、個別的で、具体的なものに注目が集まります。社会を超越した存在としての絶対神が現れることはなく、カミはどこまでも世界の内側に存在し、カミと人間もまた連続しているものと考えられる。つまり日本人の思考においては、個別的・具体的な経験から普遍的な原理を抽出しようとする傾向がきわめて乏しいというのです。

例えば、日本語についても、こんな特徴を指摘しています。

「文は、その話手と聞手との関係が決定する具体的な状況と、密接に関係している」

「ほとんどすべての散文作品は、少数の例外を除いて、多かれ少なかれ部分の細かいところに遊び、全体の構造を考慮することが少ない。平安朝の物語はその典型的な例」

要するに、日本語という言語自体が、個別具体的な状況に拘束されて用法を調整しなくてはならず、抽象的かつ理論的な全体構造を構築したり、普遍的な原理から現実を定義したりする思考様式にはなじまないということです。

したがって日本に導入された外来思想は、すべてがある力学によって「日本化」されざるを得ない。もともとあった包括的な体系は解体され、現実生活に適応される道徳にとって代わり、超越的で排他的な原理は現実に合わせて緩和されていきます。

たとえば仏教は、大和朝廷が国の教えとして採用した頃から現世利益が強調されました。平安時代に入ると土着の信仰と混合して、神仏習合が進みます。十三世紀の鎌倉仏教は現世否定的な傾向を持ち、超越的な絶対者（例えば浄土宗系の阿弥陀など）が重要な役割を果たす点では日本の思想史上の例外です。

しかし、加藤によれば、たとえば禅宗は室町時代には水墨画と侘び茶になり、戦国時代になると武士の自己抑制のための実践倫理となり、さらに江戸時代になると仏教全体が葬儀をはじめ世俗化した文化現象に変質していくという。要するに、徹底的に日本化されていくのです。

仏教学者の中村元（1912–99）も、「日本人の思惟方法」の中で日本の仏教の受容について加藤と同じような結論に達しています。

中村は、民族には長い歴史を通じて保持されている特殊な思惟傾向があることを指摘し、多様化し、異質化しているように見える現代人の思考パターンであっても、その思考形態を超えるものではないと考えました。

民族固有の思惟傾向は、人種・風土・地理・生産様式など様々な要素が複合的にからみあって決定されるもので、唯一特定の何かというわけではありません。中村が日本人と仏教の関わりを通じて指摘したのは、「与えられた現実を容認する傾向」でした。

豊かで美しい風土とそこに現れる感覚的な美、日本人はそこに絶対者の顕現を認めようとします。自然を忌むべきものとして対立的にとらえる発想に乏しく、自然の事物そのものに神や仏をみようとする。そこから寛容と宥和の精神が発達しました。反面、人間や自然を超越する神の観念は生じないため、批判精神は不徹底なものにならざるを得ない。「慈悲」が強調されながら、仏教的な戒律がほとんど守られない理由です。

次いで指摘されたのが、「人間結合組織を重視する傾向」です。古来、日本の農業労働では農民が団結して協働しなければ十分な生産性を確保できず、それを妨げることは犯罪的だとみなされました。

人間結合組織が個人に及ぼす圧力が大きく、家、地域、学校、会社、国家など大小様々な組織やグループで、個人の尊厳より組織内の人間関係や利益が優先される。それと表裏一体のものとして「非合理主義的傾向」が生じました。

日本では、仏教以前からの土着的心性であるアニミズムが、仏教の受容の仕方を規定しました。もともと批判的精神が薄弱ですから、日本史における数多くの歴史的・社会的変動も、農村や山村の心性を根本的に変えるまでには浸透しなかった。つまり、原始的な思惟方法が残存したままで、何かの機会に芽を出す可能性があるのでした。

加藤と中村の指摘に共通しているのは、日本人は「抽象的・理論的なものを避ける」、「具体的で感覚的なものを愛好する」、「普遍的な原理より、具体的な人間集団の圧力が個人に優越する」ということなどで、これは日本の歴史を貫く傾向と言えます。

一神教文化のロゴスとは対照的

では、キリスト教など一神教を奉じる民族ではどうでしょうか。「抽象・理論」と「具体・感覚」という対立軸で見た場合、日本では後者を高く評価し、一神教の文化では前者の価値がきわめて高くなる。およそ対照的です。

例えば、紀元四世紀終わりに書かれた神学者アウグスティヌスの『告白』に、高い山の頂や海の大波、河川の広大な流れ、雄大な海、星の運行などに驚嘆する体験が述べられています。日本人の感性では、その美しさに感嘆し、自然を褒めたたえ、そうした機会に恵まれたことに感謝する文章が書かれるにちがいありません。

しかし、アウグスティヌスの思考の動きはまったく異なります。彼は、自然の美しさに情緒的な一体感を持ってしまうことで、人間が自分自身のことを振り返らなくなることを指摘しているのです。つまり自然の美しさにとらわれることが、普遍的で絶対的な神への到達を妨げる誘惑であり、障害だと理解します。そして、自然よりも目に見えない神に心を向ける重要性を説くのでした。

「初めに言（ことば）があった。言は神と共にあった。言は神であった。この言は初めに神と共にあった。すべてのものは、これによってできた。できたもののうち、一つとしてこれによらないものはなかった」

よく知られた新約聖書の「ヨハネの福音書」の冒頭部分ですが、「言（ことば）」とはギリシャ語ではロゴス（*logos*）という単語で、論理とも訳されます。一神教の文化では、こうしたロゴス（論理）絶対化の傾向が強くうかがわれます。

精神病理学者の木村敏は、その著書『人と人との間』で次のように考察しています。

「西洋における義務や道徳の拘束力の主体となっている『神』という絶対者から神性を奪って、これを人の頭上高くにかかげるのではなく、人と人との間という水平面にまで下してみるならば、西洋の義務と道徳の概念は、そっくりそのまま、日本の義理と人情の概念でもって置きかえることができる」

日本は一神教文化の国とは異なり、神に絶対的な権威はありません。実際、江戸期の禁教政策にも原因はあるにせよ、明治維新から現代にいたるまで、キリスト教徒は人口のわずか一パーセント未満にとどまっている。日本では、一体感で結びつけるような対象こそが、自分たちの道徳や倫理を規定する権威の源泉なのです。

ただし、こうした違いは、善悪や優劣の問題ではないことを強調しておきます。例えば、ナチスによるユダヤ人の大量虐殺などの経験を踏まえて、西欧人はその思想の根本である「ロゴス中心主義」まで立ちかえり、根本的に考え直す作業を続けています。「ロゴス中心主義」を反省しながら、日本文化など他文化の良いところを積極的に取り込もうとしているのです。

明治以降の日本は、法治主義や基本的人権など、西洋から移入された論理的な抽象概念を基盤として社会を構築しました。そこで日本人の心にはどのようなことが起きたか。結論を先取りすると、「オモテ（建前）」と「ウラ（本音）」の使い分けでした。

つまり、日本の土着的世界観と西洋近代の思想の葛藤はきちんと解決されることなく、あいまいなまま先送りにされるという日本的な解決がなされました。西洋近代の原理はオモテ（建前）として表層的に受け入れられ、日本人の心の深層までは到達しなかった。仏教や儒学、キリスト教やマルクス主義がそうであったように、本質的な部分は、ウラで拒絶されたということです。

日本人は、西洋から入ってきたロジックを表面的には受容します。かつては民主主義や資本主義、近年では市場原理、グローバル・スタンダードなど何でもいいのですが、目新しくて正当に見える意見には、すぐに「想像上の一体感」を持とうとします。それが日本人にとって本当にいいことなのか、という第三者の指摘は聞き流されがちです。

しかし、それまでの考え方なり感覚と、外部から移入されるロジックとはそう簡単には一体化できないはずで、何らかの軋轢が生じるのが自然です。本来はそうした葛藤に向き合い、本質的な部分を咀嚼することではじめて外来のロジックを血肉化できるものですが、「一体感」を得ることが優先されると、「オモテ」では受け入れ、「ウラ」では拒絶する、という奇妙な受容の仕方になります。

実際、日本人のほとんどは「民主主義は大切だ」と「オモテ」では語ります。しかし「ウラ」ではそうでもないようです。

例えば、首相に対する態度にその本音が垣間見えます。多くの日本人が、首相を「民主主義によって選ばれた私たちの代表」というふうには捉えません。大統領と異なり、間接民主制だからそうなるのだ、という解釈も成り立ちますが、民主主義の根幹である選挙投票率の低さが物語るように、民主主義という制度そのものと本物の一体感を持っていない。だから首相となった人は「私たちの代表」というより、「私たちの集団から抜け出た人」のような扱いを受け、事あるごとにこき下ろされるのでしょう。

オリンパスや東芝による巨額の粉飾決算事件のように、俗に「組織ぐるみ」と呼ばれる経済犯罪もその現れです。コンプライアンスが繰り返し叫ばれるにもかかわらず、集団や組織の持つ想像上の一体感が、法のような抽象的原理によっては破られにくい。

むしろ集団に没入して優れた能力を示す人が上位に置かれ、集団から独立した個人として判断基準のある人が下位に置かれやすい傾向が根強くあります。長いものには巻かれろ、ではありませんが、前者のような心のあり方が日本的ナルシシズムです。

日本人の法意識と道徳観

日本人の法意識というのは、昔から今に至るも独特の傾向があるようです。法学者の川島武宜（1909–92）は『日本人の法意識』の中で、日本の伝統的な紛争解決の例として、河竹黙阿弥の『三人吉三廓初買』における「庚申塚の場」を挙げています。以下、かいつまんで紹介します。

――ある悪党が夜鷹から百両の金を奪った。それを物かげから見ていた別の悪党が、「その金を全部よこせ」と要求するが、拒絶される。二人が抜刀して争うところへ、大悪党が現れて仲裁に入る。大悪党は自分の腕を切り落とす代わりに、二人に五十両ずつ与えようという。業界の有名人たる大悪党が、自分たちの不足を埋めるべく両腕を差し出した。この自虐的な行為によって調停をはかってくれたことに感銘を受けた二人は、大悪党の子分になる約束を交わし、それぞれ五十両を上納した。

精神分析で言えば、この大悪党はある種の自虐的な行為に出ることで、相手に「押し付けられた罪悪感」を生じさせると同時に自分の権威を示し、相手を操作しようとしました。川島はこのような紛争解決方法を、仲裁と調停とが未分化である「仲裁的調停」と呼んで、その特徴として以下のようなことを指摘しました。

第一は、「丸く納める」「紛争当事者のあいだに仲のよい関係を作る」ことが目的で、どちらが正しいかを明らかにすることは目的ではないことです。結果として「兄弟の義を結ぶ」という模擬的な親族関係が成立します。

第二は、仲裁人が紛争当事者よりも高い地位をもっていることが前提です。当事者はその前提の上で争いを仲裁人に預け、その決定に同意を与えています。

川島は、こうした方法が有効な社会状況とは、「一人一人の個人が独立して相互のあいだに社会的な関係をとりむすぶ、という近代市民社会的な構造がない」ことだと述べています。家、親類、集落など各成員の権利義務が明確でない小集団から成り立っている社会では、紛争は小集団の秩序を壊さずに共同体的関係をつくる、すなわち「丸く納める」ことが望ましい。つまり、この大悪党のような仲裁的調停がもっとも適した方法であり、裁判を通じて善悪をはっきりさせる方法とは対照的なのです。

川島は、当事者間で「黒白」を争い、裁判官がその「黒白を明らかにする」という方法（訴訟）が、いかに日本人の法意識に適していなかったのかを説明しました。そこで見出されたのは、近代国家であるはずの日本では、法の概念が本質的には理解されておらず、現実の社会生活においては、土着的世界観が活発に働いているということでした。やはりここにも、「想像上の一体感」の理想化と絶対化の傾向が認められます。

ズルズルベッタリのムラ社会の原理

もう一つ例を挙げましょう。丸山眞男の弟子にあたる政治学者の藤田省三は、日本の社会の原理についてこう述べています。

「人間社会が自然世界と公然と対立せず、国家が家や部落や地方団体と公然と対立せず、公的忠誠が私的心情と公然と対立せず、全体と個が公然と対立せず、その間のケジメがないままに、どちらが起源でどちらが帰結かが明らかにされないで、ズルズルベッタリに何となく全体が結びついているところにある」（『戦後精神の経験　藤田省三小論集1』）

この「ズルズルベッタリ」という事態は、「自虐的世話役」で認められたような、母子関係における「想像上の一体感」が、社会全体に転移されたものと解釈されます。

加藤や中村は思想や宗教から、川島は法から、それぞれ考察しましたが、藤田は日本の近代化では、西欧の絶対主義時代における君主のような、単一の絶対権力者が不在であったことを指摘します。

西欧近代においては、社会の「有機的・内面的連関」の外に支配機能が営まれた。このことが逆説的に近代的な国家の成立を準備し、封建社会の分解を促した。それと比べると、日本の歴史には西欧の王政のような、共同体の外側から国民に強力に働きかける絶対権力の成立が認められません。

もちろん、伊藤博文はじめ明治の元勲たちは列強の帝国主義に対抗するべく、天皇という強力な権威の下に統制される近代国家の成立を推し進め、軍制や戸籍の整備などの事業を次々に行いました。

しかし、官僚制を中心とする上位下達の権力機構を形成しようとした時に、ムラ社会(藤田は郷党社会という言葉を使っています)の強い抵抗にあいます。ムラ社会の特徴は、情と義理によって構成員の一人一人が全人格的に結びついていることです。日本の近代化では、この郷党社会の論理(村の掟)が、外から来た近代的な法や制度によって根本的に矯正されることはありませんでした。

それどころか逆に、地域の有力者が行政官として採用されることと並行して、ムラ社会の論理が、国民を結びつける道徳として全国的に広がっていきました。近代的な統治体制が全国に広がるのと並行して、前近代的な村の道徳が共有され、全構成員が結びついていった。それが日本の近代国家としての性質だというのです。

西欧近代においては、共同体の外側にある統治機構や法が現実的な存在として体験されています。それがやがて個人の心の中に内面化され、近代的自我が確立される。このような自我は法や政治を介して互いに対立し、葛藤することができます。

しかし、日本の近代化は家族や村の感情的つながりが保たれることが道徳の根拠となり、政治や経済における原理にさえなった。利害が対立した場合は、自分の利を追求して和を乱し、周囲に不快感を抱かせる行為自体が忌避される。そして「空気を読んで身を引く」、「裏で話をまとめる」という調整が求められます。ましてや自分の利益を主張して裁判にまで持ち込む行為は、軽蔑される可能性が高かったのです。

実際、日本における民事訴訟の件数は、一人当たりでアメリカの八分の一、イギリスの四分の一、韓国と比べても三分の一程度ときわめて低いのが特徴です。近年、国民にもっと身近な司法を、ということで司法制度改革が進められてきましたが、裁判員には辞退者が続出し、弁護士の数が増えて訴訟件数は横ばいですから、過当競争で心を病んでしまう弁護士が増えているという指摘もあります。

公の場で、個人が他の個人や組織と対立したり、葛藤したりすることが、きわめて困難な社会では、国際関係であっても「道徳国家＝日本と非道徳世界との交渉としてとらえられるに至るであろう」と藤田は述べています。これは、戦前から現代にいたる外交上の様々な摩擦、近年では韓国や中国との論争における姿勢にも窺われます。

一八九〇年に発令された教育勅語は、「道徳国家」の形成に大きな役割を果たしました。

「国民の皆さんは、子は親に孝養を尽くし、兄弟・姉妹は互いに力を合わせて助け合い、夫婦は仲睦まじく解け合い、友人は胸襟を開いて信じ合い、そして自分の言動を慎み、全ての人々に愛の手を差し伸べ、学問を怠らず、職業に専念し、知識を養い、人格を磨き、さらに進んで、社会公共のために貢献し、また、法律や、秩序を守ることは勿論のこと、非常事態の発生の場合は、真心を捧げて、国の平和と安全に奉仕しなければなりません。

そして、これらのことは、善良な国民としての当然の努めであるばかりでなく、また、私達の祖先が、今日まで身をもって示し残された伝統的美風を、さらにいっそう明らかにすることでもあります」（明治神宮による現代語訳）。

広く日本国民が守るべき道徳とされたこの勅語は、どのように制定されたのでしょうか。藤田は、当時の政治家たちの考えを調べる中で、制定に重要な役割を果たした井上毅が、時の内閣総理大臣・山縣有朋に宛てた書簡に注目しました。そこに記された教育勅語が満たすべき条件を要約すると、次のようになります。

・難解な哲学上の理論が入り込むことを避ける。
・政治上の事柄に巻き込まれるような内容は避ける。
・漢学の表現や、洋風のスタイルを使わない。
・愚かな行為、悪を戒めたりする言葉を使わない。
・世にある流派の一つを喜ばせ、他を怒らせるような表現は使わない。

小賢しい理論や専門用語、ペダンティックで学をひけらかすような表現、無用な学問的な議論に巻き込まれることを避け、いわば君主によって大きな海に抱かれるような感覚の中で日本人全体が心を一つにしようというのです。

しかし、そこには客観的で批判的な視点、外部への想像力というものが欠落していま す。ただひたすらにその「場」を共有することによる、情緒的な結びつきの大切さばかりが強調されているのです。

教育勅語によって、近代国家としては本来「ウラ」として処理されるべきだった日本の「土着的世界観」、「個人に対する集団の優越」、「想像上の一体感の理想化と絶対視」は、「道徳」として明文化され共有されることになりました。

他方では当然の帰結として、「法」「人権」「客観的・批判的精神」という西洋近代の理念の発達は妨げられ、日本人の心に内面化される機会を失いました。この問題は戦後にも長く引き継がれます。

砂川事件に見るその場しのぎの精神性

二〇一五年、安保法制をめぐる議論でにわかに注目された事件がありました。砂川事件判決です。この事件では、一九五七年に東京都砂川町（現・立川市）にある米軍基地内に入ったデモの参加者二十三名が逮捕され、うち七名が起訴されました。

東京地裁は一九五九年三月、「米軍駐留は憲法第九条違反であり、基地に立ち入った罪によって起訴された全員が無罪」という判決を下しました。

この判決は日米両政府に衝撃を与え、高裁への控訴を飛び越え、最高裁判所に直接上告する「跳躍上告」という異例の手続きがとられました。その後、わずか十日で口頭弁論が行われ、同年十二月には最高裁判決に至ります。「原判決を破棄。東京地方裁判所に差し戻す」、すなわち有罪判決です。その理由は以下の通りでした。

「日米安保条約は、わが国の存立にとってきわめて重大で、高度の政治性を有する。違憲か合憲かの法的判断は、その条約を締結した内閣と、それを承認した国会の高度の政治的、自由裁量的判断と表裏一体であり、純司法的機能を使命とする司法裁判所の審査には、原則としてなじまない。一見きわめて明白に違憲無効であると認められないかぎり、裁判所の司法審査権の範囲外のものである」

このような判断は「統治行為論」と呼ばれ、法の支配を徹底する立場からは否定されることもありますが、日本では肯定する立場が多数派のようです。日本では、もともと為政者側の裁量権が尊重され、それが法の支配を凌駕する傾向があります。

二〇〇八年以降、砂川判決が出た直後から駐日アメリカ大使や国務長官と日本の外務大臣や最高裁長官らが会合を重ねていたとする米公文書が発見されました。その中には、最高裁長官が、予想される判決内容を一九五九年八月の段階でアメリカ大使に伝えていたという証言も含まれていました。

二〇一六年三月の東京地裁判決（再審請求）では、両者の接触の事実は認めたものの、秘密の漏えいや結論への影響については否定されました。しかし、仮に日本の司法のトップが、一方の当事者である政府に守秘義務に違反してでも重要な情報を伝え、「場」の調整を図っていたのが本当だとすれば、日本人は「オモテ」と「ウラ」を使い分けて、その場しのぎを続けることに寛容でありすぎます。

日本人の伝統的心性とは本来、他者への寛容と慈悲の心を含む、人と人とのつながりを大切にするものでした。西洋近代の視点から見れば、古代的だったり幼児的であったりする面があるかもしれませんが、たとえそうだとしても、そこにある温かみと優しさから生み出される社会と文化は誇りを持つに足るものでしょう。

しかし、「想像上の一体感」を重視することに懸命で、「オモテ＝建前」さえ保っていれば、「ウラ＝本音」ではやりたい放題も許される社会では、他者を犠牲にしてでも自分の利益を最大化させることも容認されかねません。

次章では、「メランコリー親和型」についての考察を通じて、日本社会における自我の確立という課題について考えます。

第五章　「うつ」と日本的「うつ」のあいだ

自己意識と世間が未分化

第三章で「自虐的世話役」とともに、日本人らしさと関係が深いパーソナリティとして「メランコリー親和型」を挙げました。本章ではこれについて取り上げます。

メランコリー親和型とは、もともとドイツの精神科医のテレンバッハ（1914-94）が、うつ病の病前性格として報告したものです。メランコリーはとりあえず、うつの中でも重い状態を指すと考えてください。簡単に言うと、メランコリーに陥りやすいパーソナリティを持っているという意味です。テレンバッハの著書『メランコリー』を翻訳した木村敏は、『人と人との間　精神病理学的日本論』という著書の中で、メランコリー親和型についてこう説明しています。

「日常生活の面でも、仕事の面でも、対人関係の面でも、秩序を重んじ、几帳面で義務感と責任感が強く、特に他人に対して非常に気をつかう、といった特徴である。俗にいう苦労性の人、律義な人というのがちょうどこのタイプの人に当るだろう」

このような性格の人は自分が不利な状況でもあえて苦労を背負い、自縄自縛に陥ってしまう可能性があります。

例えば、仕事は「量を増やせば質が落ちる」、「質を保とうと思うと量がこなせない」という制限が本来的にありますが、メランコリー親和型の人はそうは考えません。周囲に期待され、要求される仕事の質も量も懸命に維持しようとするのです。その中で追い詰められて心身を消耗させ、ついに限界を超えて、うつ病の症状が出現する。これがメランコリー親和型の人のうつ病だと考えられていました。

しかしその後、メランコリー親和型とうつ病とはそれほど確固たる因果関係がないと考えられるようになりました。メランコリー親和型でなくても、意欲低下や強いうつ気分、不眠などを訴え、医療機関を訪れる人が多くなったからです。私自身も、メランコリー親和型のパーソナリティを持つ人だけが、うつ病になるとは考えていません。

前出の木村敏は、日本語の中に「メランコリー」の心的状態を指し示す言葉――「幸福」「幸せ」などとは対照的な言葉――が、非常に数多く存在することを指摘しました。

例えば、「悲しい」「あわれな」「さびしい」「切ない」。古語にも目を向けると「あじけない」「あさましい」「わびしい」「わりない」等など実にたくさんあります。

日本人は伝統的にメランコリーを異常な心理状態とは考えず、「わび」「さび」が表すように、ある種の審美的な態度でそれを受け入れていたと考えられます。「世のうつろいやすさ」をそのままに受け入れる諦念の姿勢が根付いていたということでしょう。

日本を代表する精神病理学者である木村は、『人と人との間』（前出）の中で、日本人の道徳を規定してきた「義理」という概念に注目し、そこには「自己意識と世間的配慮が未分化」という特徴があると指摘しました。

つまり、「自己」と「世間」がある意味で一致していて、西洋近代が唱えるような他者や、全体と対立して区別される「自我」は成立していない。自らを集団に没入させ、そこから「自らの分」を事後的に切り分けてくるものが日本人にとっての「自分」です。

「突発的な激変の可能性を含んだ予測不可能な対人関係においては、日本人が自然に対して示すのと同じように、自分を相手との関係の中へ投げ入れ、そこで相手の気の動きを肌で感じとって、それに対して臨機応変の出方をしなくてはならない。自分を相手にあずける、相手次第で自分の出方を変えるというのが、最も理にかなった行動様式となる。このようにして、日本人の人と人との間は或る意味では無限に近い、密着したものとなる。そこには、厳密な意味での『自己』と『他人』はもはや成立しない。自己が自己でありつづけるためには、自己は相手の中へ自己を捨てねばならぬ。そして、相手の中に自己をもう一度見出して、それを自分の方へ取り戻さなくてはならぬ」（前掲書）

日本における「自分」と、西洋近代の「自我」という概念が、大きく性質が異なることは明らかです。どちらも歴史的に正当な理由があって成立したもので、その意味では同等です。しかし、西洋近代が法制度から自然科学まで、あらゆる社会構造が「自我」を前提としているのに対して、日本の近代は「自我」よりも「自己」を含む「世間」を前提としている。そこには当然、独特の社会心理が生じてきます。

前述の土居が『「甘え」の構造』を著した当時、東大精神科の教授に「子犬だって甘えるよ（何も日本人にかぎらない、という意味）」と皮肉を言われたエピソードを記していますが、もちろん西洋にも、日本人のように世間や義理に縛られるタイプの人はいます。

本来、人間の心は情動に左右されやすく、そこに論理を取り込むのは不自然であり、それには人為的な努力が必要です。その意味では、西洋でも直接的な人間関係や集団意識を優先する人がいて、個人の水準で考えれば、程度の違いともいえます。

しかし、日本人の場合、個人と社会とが反復的に影響し合うため、総体としての論理性の欠如、あるいは軽視の傾向が出やすいことが問題なのです。言い換えれば、集団として同じ方向を向きやすく、熱しやすく、冷めやすい国民性だということです。

環境に密着するパーソナリティ

メランコリー親和型のパーソナリティは、表面的には確固たる自我を持っているようでも、その中核には自然や周囲と渾然一体と溶け込める、アニミズムとも親和性のある領域を持っています。それは他人への優しさとして現れることもあれば、自分の周囲の狭い世界と一体化して、そこを守る姿勢として現れることもあります。

テレンバッハの患者たちは、「自分のテリトリー」を大切にする感覚が発達しているため、「なにごとにつけ、人の気持ちを傷つけるようなことはいわないように、何回も何回も考えてみます」と発言しています。少しでも他人との間でトラブルが発生すると、そのことで「心がいっぱいになってしまって、ほかのことは何も考えられなくなり、仲直りができるまで落ち着かない」状態になってしまうというのです。

このような優しさは、自我の確立を前提とする立場からは、幼児的な心性が残っているものと理解されます。メランコリー親和型の特徴である、「他者とのポジティブな共生関係を損なうすべてのもの、すなわち一切の攻撃性、一切の不潔さ、他人の承認を得られないすべてのものを排除しようとする傾向」は、母子関係における「想像上の一体感」が、大人になっても保持されていることを意味します。

すでに見たように、自虐的世話役では、自・他の一体感が所属する組織なり環境にも転移されていました。人間関係における利害対立、それにともなう怒りや憎しみ、羨望など現実の否定的な面は排除され、肯定的な面だけを見ようとする。想像上の一体感にとらわれ、ナルシシスティックな性質を帯びています。

日本社会では、エディプス・コンプレックスを乗り越えた近代的自我の確立は先送りにされ、「公的な自分」と「私的な自分」を分裂させて切り離すという、その場しのぎの対応がとられました。公的な自分に与えられた社会的役割に尽力することで個人の責任が果たされる一方、私的な自分はそれとは別の形で温存されているかたちです。

ここで頻繁に行われるのは、前章で論じた「オモテ（建前）」と「ウラ（本音）」の使い分けですが、メランコリー親和型の人は別の反応を示します。本音と違っていても、建前を放棄することがなかなかできません。すると、ウラの部分も徹底的にオモテのために捧げるようになり、あたかも滅私奉公のような行動へと向かってしまうのです。

メランコリー親和型は、主体的な判断を放棄して職業倫理に身を投げ渡しているという点で、自我の確立に失敗しています。しかし他方では、日本の土着的な精神性から出発して、近代が要請する一貫した責任主体となるべく真剣かつ良心的に取り組もうともしている。こうなると、職場など周囲の環境のスケープゴートにされやすくなります。

くり返しますが、メランコリー親和型は、その「場」が要求する役割への同一化が強いことが特徴です。献身的に働き、そのことによって他の内輪のメンバーからも大切にされる、そうした密着した関係の中で生きています。

ですから、その環境から引き離されることは深刻な精神的危機をもたらし、うつ病を発症する誘因となりえるのです。例えば、普通は喜ばしい感情をもたらす会社における出世や栄転も、それによって慣れ親しんだ場所から引き離されるなら、うつ病のきっかけとなるかもしれません。

精神分析的な見地からは、メランコリー親和型は母からの心理的な分離が十分に果たされていないため、それ以降の人生においても「分離」の葛藤が刺激された時に、混乱しやすい傾向があることを意味します。つまり、密着した環境から引き離されると一時的に混乱し、新たに密着した関係を周囲と再建できるまで、十分な能力が発揮されにくいのです。

執着気質の問題

メランコリー親和型と並んで、うつ病、あるいは躁うつ病の病前性格として、精神医学者の下田光造が提唱した「執着気質」があります。

外見上は几帳面で責任感が強く見えますが、このパーソナリティも「分離」に問題があり、何かが気になって神経が興奮するとなかなか収まりません。日常生活でも仕事でも一度気になることが生じると解決するまで執拗に考え続け、心身が疲弊しきっても休めない。その結果、うつ病や躁うつ病の症状が出現してくるというのです。

私は、メランコリー親和型も執着気質も、ナルシシスティック・パーソナリティの一つだと考えていますが、いずれも心の中から「悪い対象」が分裂排除されていることが特徴でした。そして、葛藤を感じずに消耗しきるまで働いたのです。

しかし、最近は典型的なメランコリー親和型や執着気質といえない症例が増えました。その場合は「悪い対象」のことが意識の中に入ってきます。そうするとナルシスティック・パーソナリティの性質が見えやすくなり、例えば、仕事が順調で周囲からも評価されている時は、自分にも会社にも寛容でいられるのですが、何かでつまずいたり、自分は正当な評価を受けていないと考えたりすると、すべてが逆回転し始めます。

「私の仕事がうまくいかないのは、会社が意に沿わない異動をさせたからだ」

「私の昇進が同期より遅いのは、会社の査定がいいかげんだからだ」

「私のように能力のある人間をうまく使えないから、会社の業績が下がるのだ」

会社を肯定的に捉えている時は「良い会社」と「良い自分」が一体化していて、「悪い自分」と「悪い会社」に対する不満や恨みは意識から排除されている。逆に、否定的に捉える場合には「悪い自分」と「悪い会社」が一体化してしまい、自分がこんなに不幸なのはすべて会社のせいだ、といったような考え方になるのです。

こうなると、外部については優れた分析ができても、自分や所属組織の問題については適切に考えられなくなります。現実には「自分」にも「会社」にも「良いところ」と「悪いところ」が共存しているのに、そういう客観的な捉え方ができないのです。

良きにつけ悪しきにつけ、一体感を感じる対象は会社や組織に限りません。しばしば国家もその対象になります。ある種の人は、日本及び日本人を過剰に美化し続けます。歴史を振り返れば、日本にも良い面も悪い面もあると考えるのが当然ですが、悪い面には目を向けず、「わが国は優秀だ」と考えます。その一方で、日本及び日本人を過剰に劣ったものと捉える人もいます。日本の歴史の悪い面にだけ目を向け、現在の日本社会についても悪いものだと主張したがります。

方向性こそ違いますが、どちらも見方が極端に偏っていることでは同じで、これも「日本的ナルシシズム」の現れです。

メランコリー親和型や執着気質の人々は、葛藤を抱えた場面で考える力が十分に育っていないため、難しい選択に迫られる状況をできる限り回避しようとします。どうしても回避できない時は、「自分を殺して、特定の他者か、全体の空気を察してそれに合わせる」という選択をします。相手の立場を優先して、自分を後回しにするのです。

テレンバッハの『メランコリー』には、うつを発症する直前、ギリギリの状況に追い詰められても、「仕事を続けるか、やめるか」どちらも選べない人の様子が描かれています。「とても苦痛だが、仕事をやり遂げて周囲から認められる」立場を断念して、「周囲からは責められるが、苦痛から解放される」立場を選択することが、メランコリー親和型の人にとってどれだけ困難なのかがよく分かります。

ドイツ人のうつ病患者を数多く診察したテレンバッハは、メランコリー親和型には「自己肯定の義務が欠けている」、「正義の基準を奇妙なまでに他者の手に委ねたがる」と厳しい断定を下しています。要するに、適切に判断して自己主張する、という「自我」の能力が育っていないことを問題視したのです。しかし、そこには自分を犠牲にして共同体を守ろうとする誇りとやさしさも存在していたでしょう。

美化されるパーソナリティの裏側

先述のAさん、Bさん、Cさんは、いずれも上司や職場に一体化する能力が高く、その中で実績をあげ、功績が認められて出世する前後の状況でした。しかし、彼らはその場に密着し続けるばかりで、適切な自己主張の大切さに気づいていませんでした。三人それぞれ、こう声を上げるべきでした。

Aさん：「管理部門の仕事に慣れるまで、長い目で見てください」

Bさん：「仕事を減らして、適切な労務管理を行ってください」

Cさん：「自分の貢献を認めて、少し休めるようにしてほしい」

しかし彼らは無理に周囲に合わせる、さらに自分を抑えて献身することに固執する中で、どんどん症状が悪化していったのでした。

彼らを見て分かるように、元来メランコリー親和型と自虐的世話役は、日本社会が美化するパーソナリティを備えています。無私の心で献身し、その理想に一致するべく日々努力を重ねる。このような人間のあり方が、日本文化の中では理想とされています。しかし、それは人を過重な労働に駆り立てたり、問題のある環境に忍従させたりする危険性を含んでいます。「報酬を求めない、無私の献身」を建前ではなく本音で続けることがどこまで可能か、あらためて問い直す必要がありそうです。

実際、精神科の臨床では、追い詰められた状況にある患者さんの話を聞くことがよくあります。しかし、医師として、環境に問題があるので、そこから逃げることが最優先だと進言しても、すんなりとは受け入れてもらえません。

メランコリー親和型は、自分が消耗するのを承知の上で共同体のために責任を引き受けているという、非常に成熟した精神性も持っています。そうしないと組織や会社、社会がバラバラになってしまう。それを防ぐために自己犠牲を払おうとする心の働きを、精神医学の観点だけで評価することは困難です。

精神病理学者の内海健は『うつ病の心理　失われた悲しみの場に』で、彼らは会社などの対象に意識的に献身していると同時に、無意識的には何らかの、見返りを期待していると指摘します。

病的に良心的とも言えるメランコリー親和型では、通常は意識されるはずの恨みや怒りが意識から排除され、善意の塊のような自分にナルシシスティックな満足を得ています。しかし、実際にうつ病になった人たちは、「それまで心血を注いで作り上げてきた縄張り」「優秀な部下としての評価」「庇護された居心地のよい立場」などが失われたことに対する、痛切な恨みや怒りの念が内面に湧き上がっていることが推測されました。

精神分析家の北山修も、自虐的世話役の人々が、「(自分が) 面倒を見ている人々に対して、万能の支配を維持することができなくて憤怒」が引き起こされることがあると述べています。つまり、メランコリー親和型も自虐的世話役も、献身する相手から愛し返され、それを超えて対象を支配することを望む気持ちを無意識的に抱いているのです。

北山によると、彼らは「世話する役」ばかり押し付けられ、「世話を受けたい」という願望が強く抑圧されたままになっている。他者への献身、例えば自分が会社のために尽くしているという感情面の満足が、自虐的世話役ではとくに大きくなります。

その逆に、自分が会社に迷惑をかけたり、会社を利用したいと考えたりすることに強い苦痛を感じる。これは、相手（会社）に少しでも負担をかけたくないという自我理想と、相手に世話をされたいという抑圧された願望の葛藤です。

すると、この願望は直接意識されない代わりに、自分が世話されたいように他人の世話を焼くことで、代理的な満足を得ようとします。そこで何らかの事情で欲求不満が続くと、自虐的（マゾヒスティックな）世話役の心の中では、相手に対する加虐的（サディスティックな）攻撃性が刺激されます。

もともとマゾヒズムとサディズムは表裏一体ですが、自虐的世話役の自我理想は攻撃性を対象に向けることを許しません。そこで自分に向きを変え、「耐えきれないほどに過酷な超自我」を生み出そうとします。自身の振る舞いを自分で監視して、さらに厳しい統制を与え続ける。このような人は、外からは「自分に厳しい人」に見えるようです。

うつ病には小精神療法がスタンダード

もっとも日本の精神科臨床では、うつ病患者に対して、ここで紹介したような深層心理まで立ち入った治療が行われることはまずありません。むしろ逆です。パーソナリティの奥深くまで触れすぎると、患者さんを混乱させ、症状を悪化させたり長引かせたりする可能性があるため、ほとんどタブーとさえ考えられています。

基本的に私も医師としてこの意見に賛成です。本書のような内容を理解していただきたいのは、現にうつ病の症状を呈している人ではありません。そうした人たちは難しい問題について考える義務から免除され、質のよい休養を保証されるべきだからです。

うつ病は心理的な次元だけで成り立っている病気ではなく、脳を中心とした身体が衰弱し、その機能が弱くなっている状態です。もともと葛藤について考える力が欠けている可能性もありますが、それよりも脳の働きそのものが（過労などで）弱っている現状に配慮しなくてはなりません。

その弱った体（脳）の機能を回復させることを目的とした治療観が、休養と薬物療法（抗うつ薬の服用）です。日本では、一九七八年に精神科医の笠原嘉が発表した「うつ病の小精神療法」が、その後のうつ病治療のスタンダードとなっています。

笠原は、精神分析的な見地からパーソナリティの改変を目指すような精神療法を「大精神療法」と見なして、うつ病患者に使用することの弊害を指摘しています。ざっと小精神療法の要点を挙げておきます。

・うつ病は身体的な病気であり、怠けではないことを強調して説明する。
・薬物療法を確実に行う。
・人生における重要な決定は、病気の期間中は行わず先延ばしにする。

うつ病を、体自体のエネルギーが低下しているという次元で考え、休養と薬物療法によってエネルギーを蓄えさせることで病前に戻ることを優先させます。

もし、そのタイミングで「あなたには健全な自我が育っていない」「自虐的世話役を降りなさい」などと言っても、治療の妨げでしかないでしょう。最悪の場合、物事全般に対して悲観的になっている患者さんの自殺リスクを高めることさえありうる。うつ病の症状が強い場合は、心理的な葛藤を避けて身体を休め、病前の社会的な役割を回復することを目指すのが合理的です。

「日本的ナルシシズム」の視点で言うなら、「想像上の一体感」に依存する患者さんの精神性が保ち続けられるよう配慮し、一体感をうまく再建することが、笠原の説明するうつ病の治療になります。

ここには独立した責任主体となる努力を放棄させ、依存性を助長して、うつ病の慢性化につながる危険性も含まれます。もっとも笠原は、心理の深層に届くような患者理解が無意味だと考えていたわけではないようです。その葛藤が非常に心の深いところにあって、取り扱うことの難しさを理解しているがゆえに、未成熟な日本の精神医療の現場で正面から扱うことを回避したのでしょう。

笠原は、大学生の無気力状態（*student apathy*）などの分野で研究を続けるとともに、ナルシシズムの研究者コフートの著作を翻訳するなど、日本におけるナルシシズム研究を牽引しました。彼は、「小精神療法」が適応されるべきうつ病と、「大精神療法」とを厳密に分けてとらえ、その両者を考察する重要性をはっきり示しました。

しかし、日本の精神科臨床の現場では、小精神療法の考え方だけが広まり、後者への関心は低調にとどまりました。その結果、本来は社会心理学的なアプローチが必要な、複雑な病態のうつ病の患者さんに対しても、休養と薬物療法という定番のアプローチが行われる傾向につながりました。

そして、俗に「新型うつ」（これは精神医学の用語ではありません）と呼ばれる問題では、休養と服薬ではなく、当人への社会心理学的なアプローチが求められるでしょう。次章では、日本的ナルシシズムの観点から、これら現代の諸問題について考察してみます。

第六章　現代的ナルシシズムのかたち

負い目を忌避する人間関係

日本人の集団が、「想像上の一体感」に頼りがちなのは、それ以外に人と人を結びつける方法が社会の中に乏しいからです。

欧米諸国のように、近代的な自我を確立した個人同士が、契約を媒介として結びついて共同作業をするスタイルは日本社会ではいまだに低調です。それより何らかの「権威」を背景とした上下関係をもとに、人間関係が成り立っていることが多いようです。

これまで見たように、自虐的世話役やメランコリー親和型には、ある共同体の理想を担うにふさわしい要素がありました。

しかし、世の中には特に自虐的でもない、普通の世話役も大勢います。彼らが他人の世話をするのは、それを通じて自分の影響力を高め、大なり小なり何がしかの見返りを意識してのことです。いずれにせよ、「義理」や「恩」によって拘束される人間関係が、いわゆる「世間」というものでしょう。

精神科医の芝伸太郎は、『日本人という鬱病』の中で、日本人の人間関係においては、受けた恩はすべて「金銭」の性質を帯びたものとして評価され、それに対して適切な金銭的な価値を持つ金品や行為を、なるべく即時に返済することを前提としていると分析しています。日本人は「借りをつくる」という負い目を強く忌避し、大き過ぎる恩恵は逆に恨みを引き起こすことがある。このアンビバレントな感情は、

「あなたは私に金を貸してくれた。そのこと自体は有り難いが、あなたはそれによって私を債務者の地位へ落とした。だから、あなたを恨みもする」（前掲書）

というように説明されます。恩に報いるに恨みをもってす、というわけですが、日本人の注意関心の大部分は、限られた人間関係の内側で、心理的な負い目が債務超過にならないように調整することへと向けられています。したがって、

「鬱病者が大切に扱うのは、周囲の者《全員》である。彼らはその気配りを周囲の者全員に対して均等におこなう。これは『人生におけるあらゆる接触が、必ず何らかの「義理」を招来する』からである。どんな相手であれ、それが自分と絶えず接触している人

間である以上、いくら避けようとしても何かにつけて自分はその相手から借金をするはめになる。だから鬱病者はいつも周囲の者全員に対して債務を負っている」(同)

これは自虐的世話役にも共通して言えることです。金銭的債務は一刻も早く返済しないと利子が増えますから、常に自分の負い目が清算されている状況を目指す。その論理の内部にいる者にとって、負債にわずらわされない状態こそが強い満足を与えます。

このような人間関係の中では、「自己主張」は非常にコストがかかります。日本人の集団内では、身を慎み、分不相応な発言をしないことが、自分を殺して共同体に献身する理想からの帰結となる。また、誰かの「自己主張」に付き合うことは一つの「貸し」となり、「義理」で結ばれた人間関係の内部で、発言者が貯蓄を浪費してしまうことを意味します。

それを回避するため、日本では独特の迂回的コミュニケーションが発達しました。相手に対する直接的な批判は攻撃と理解されるリスクを伴い、相手を傷つければ、大きな借りを作る。それが暴言か、それとも正当な抗議なり叱責かという議論にもなります。「遠回しにほのめかす」か、それでも相手に望ましい変化がなければ、さらに相手の鈍感さを「それとなくなじる」という伝達方法が好まれます。

芝の考察によると、日本人が作る共同体の内側では、貸しが多い人が「良い人」「徳のある人」として権威を持ち、借りの多い人は肩身の狭い思いをする。このことが決定的に重大な影響を実生活に与えます。

閉じた共同体の中での、お金の貸し借りにも似た貸借関係と権威をめぐる競争は、時として過酷な休みのないものになります。自虐的世話役はこの競争がエスカレートした結果、生じると理解することもできます。

このような競争の基盤にあるのは、残念ながら、共同体の否定的な側面を否認した上で成り立つ「想像上の一体感」です。競争の渦中にある人にとって、その共同体を外側から客観的・俯瞰的に見ることは非常に困難です。つまり、共同体が抱えるネガティヴな問題と正面から向き合うことができないということです。結果として横行するのが、「オモテとウラ」の使い分けです。

なぜ、こんな厄介な事態が生じるのでしょうか。前出の藤田省三は、日本では生活ばかりか政治や経済のことまでが、「村の掟」「土着の世界観」を基盤とした道徳の問題に帰着されると指摘しました。

そもそも権力というものが現実的な機能を維持するためには、社会と市民に対して自らが行った統制の結果とその影響を観察し、学ぶ姿勢を持っていることが必須です。そうすることで権力＝為政者の持つ「想像上の一体感」が修正され、「現実的な一体感」へと近づいていくのです。

しかし、近代日本においては権力は基本的に国民から隠され、教育勅語に象徴されるように、日常道徳の領域を通じて支配が行われました。権力側の不始末で危機が生じたとしても、もっぱら国民道徳の退廃といった道徳の領域の問題になるのでした。

現在でも、少子化や少年犯罪の凶悪化などについて政治家が論じる際に、高い確率でそれは教育論へと展開していき、道徳教育の重要性を訴えます。ほとんどの場合、自分たちの統制の結果である社会制度そのものには目を向けません。

このような統制を受けない政治権力は、時として暴力的な逸脱につながる可能性を秘めています。つまり、「想像上の一体感」が「現実的な一体感」からすっかり乖離してしまう事態です。

終戦までの日本社会では、天皇は道徳的な価値の中心でありながら、具体的な命令を行うことはできない、藤田が「相対的絶対者」と呼ぶ存在でした。この場合、誰もが天皇の意志を恣意的に解釈し、それを絶対化することで、「相対的絶対者」となることが可能です。西欧のような絶対王政国家では、官僚は君主の命令の代弁者でしかなく、君主になり代わることはできません。

しかし、日本の天皇制の下での官僚は、あたかも「小天皇」のような権威を持つようになりました。そして、そのあり方もやはり道徳的なのでした。

藤田の表現を借りると、目下に対しては「道徳的価値の独占者＝『お上』として倫理的暴君」となり、目上に対しては「『子分』乃至『弟分』として純真無垢なる精神的幼児と化する傾向性を帯びる」。その献身には見返りが期待され、「下級官僚は上級者にパーソナルに『献身』してそのメリットを保証することにより、将来同様の可能性を自らに確保する」中間層を形成していたとされます。

その意味で、近代日本は道徳を基盤とする「想像上の一体感」を持ちながら、誰もがいつかは「相対的絶対者」になりうるという、ラディカルなまでに平等な社会でした。

しかしそれは、オモテで語られる道徳とは裏腹に、ウラでは相当に幼児的な争いをする可能性を秘めています。そうした構成員同士の争いで収拾がつかなくなるのを防ぐには、明確な上下の序列によって統制を強化し、「想像上の一体感」を堅持する必要があります。こうして発生したのが「タテ社会の論理」と呼ばれるものです。

「タテ社会の人間関係」への嘆き

一九六七年に刊行された中根千枝の『タテ社会の人間関係』は、日本の社会構造を分析した優れた著作として、その後の社会科学に大きな影響を与えました。

そこでは、日本におけるありとあらゆる集団が、同質の特徴を帯びていることが記述されています。中根もやはり、日本社会の極端な平等主義に着目し、それを「無差別悪平等ともいうものに通ずる、理性的立場からというよりは、感情的に要求されるもの」と説きました。それが、「西欧の伝統的な民主主義とは質的に異なるもの」であると同時に、「日本人の好む民主主義とは、この人間平等主義に根ざしている」と述べています。

この人間平等主義は、あらゆる構成員が「想像上の一体感」で結びついた集団において、誰もが無私の献身を行い、道徳的により優位に立つことで成立します。それによって集団内の個々人に自信を持たせ、惜しまず努力させ続けることが可能になります。

しかしそこには弊害もあります。どんな社会でも、全員が上に行くことはできませんから、日本のような「タテ」の上向きの運動が激しい社会では、競争自体は原理的には万人に開かれているがゆえに、下にとどまることは「競争に負けた者」「没落者」という意味を帯び、心理的な負担を生じるのです。

中根によると当時のインドの下層カーストは、日本の下層の人々のように少しも「心理的にみじめではない」。その理由は「競争に敗れたという悲惨さがない」「（同じカーストに属する）同類がいて、お互いに助け合うという連帯感をもちうる」からでした。

つまり、全員が平等に上を目指すような社会システムでは、同類は仲間ではなくライバルになり、「ヨコ」の関係が強まることはない。むしろ同類の中の有力者に対して「足を引っ張る」「出る杭を打つ」といった反作用が生じやすくなります。

これは、「想像上の一体感」によって結びついた集団において、同類が「自分を出し抜いて上に行こうとしている」と認識された時に、それに対する激しい攻撃性や羨望の感情が刺激されることに由来します。羨望の感情が激しいのは、ナルシシスティックなパーソナリティの特徴なのです。

並列する者との競争は社会を活気づけ、日本の近代化と発展に大きく貢献しました。しかし、過当競争による無駄も生じやすいことについて中根はこう嘆いています。

「みんな同じことをしないと気がすまない、いや競争に負けてはならない、バスに乗りおくれてはならないからするのだろうが、国全体として何という浪費であろう。分業の精神というのはいったい日本人にあるのだろうか」

優れた他者を独立した対象として尊敬し、社会的な関係を結ぼうとするのではなく、あくまで同一化して心理的に飲み込むべき対象にしたがる。日本社会でよく問題となる「出る杭は打たれる」現象の裏にはそうした心理が働いています。これは、献身や想像上の一体感の裏側に他者への支配欲が隠されていること、そして他者への想像力が欠如しているという意味で日本的ナルシシズムと対応します。

欧米と違って日本では、問題解決能力に優れた人が十分に力を発揮できるように、集団そのものの体制を変えることはあまり見受けられません。むしろ「想像上の一体感」を維持するために、優秀な人のほうが犠牲にされることが多いと言えます。

「羨望」と「嫉妬」の違い

同僚をライバル視する競争心は、日本だけでなく他の国でも同じではないか、と思う方もいるでしょう。しかし、精神分析における「羨望」と「嫉妬」は同じではありません。抑うつポジションを通過していない幼児的な心が抱くのは「羨望」で、抑うつポジションを超えて個人としての心を確立し、独立した他者を尊重できる心が抱くのが「嫉妬」です。

自分と同類だと考えていた人に優れた能力を見せつけられると、どんな人も心穏やかではいられないでしょう。そこで羨望の感情にのみ込まれてしまうと、どうにかして相手を貶めようとする。他方、自己と他者のそれぞれが別の人格であることを理解していれば、嫉妬に苦しめられることがあっても、現実的な人間関係のあり方を調整して、新たな肯定的展開を生み出していくことができます。

日本人に限らず、羨望の制御は人類にとって難しいものです。しかし、日本の社会は歴史的に、タテ社会の論理に精神的に依存することで、その葛藤を回避してきた経緯があります。その論理が急速に崩壊しつつある近年、幼児的な羨望がもたらす、独立した他者への尊敬を欠いた、破壊的言動が目立つようになりました。例えば、ネットでの集中的な誹謗や中傷などにも、そうしたナルシシズムの発現が窺われます。

中根によると、分業志向の強い社会では、「それぞれ一定の役割をもつ集団がお互いに緊密な相互依存の関係にたち、社会全体が集団間を結ぶ複雑なネットワークの累積によって、一つの大きな有機体として社会学的に統合される」のですが、日本社会はそうはなりにくい。かつての財閥がその典型だといいます。

系列化された大企業グループが形成され、「その一群、一群が明確な集団を形成し、極端にいえば自己完結的なワン・セットを構成している」。したがって、「他の集団を必要とせず何もかも自分のところでできるわけで、構造的に、まさに分業精神に反する社会経済構成」になります。

この分業意識の欠如は、集団にも個人にも通じます。「タテの上向きの方向への競争」に没入し、他者への現実的な認識を欠いたナルシシスティックな集団同士は、安定したヨコの関係を形成することができません。いわゆるタテ割りという宿痾です。

「ここに、日本における中央集権的行政組織が著しく発達した理由があると思われる。すなわち、日本社会における社会組織の貧困が政治組織の発達をもたらした」

中根は、日本的な集団が「場」によって規定されることも指摘しています。場とは、一つの枠組みの中で、長時間にわたって直接的な接触をする人々によって作られます。古典的な家制度がその典型ですが、村落共同体や学閥なども一つの場となります。

「場の共通性によって構成された集団は、前述のごとく、枠によって閉ざされた世界を形成し、成員のエモーショナルな全面的参加により、一体感が醸成されて、集団として強い機能を持つようになる」

場によって規定されるこのような集団を結びつけているのが、「想像上の一体感」であることはくり返すまでもないでしょう。しかし、それは常に直接的な接触を行わなければ醸成されず、組織が大きくなるほど、個々の構成員を結びつける組織がさらに必要になります。中根はそこに「日本のあらゆる社会集団に共通した構造がみられる」ことを発見し、これを「タテの組織」と呼びました。

長年にわたる組織での活動を通じて得られた格付けから序列が生じ、それが集団の各成員によって強烈に意識され、それに従うことによって集団内の秩序が維持される。この序列意識も元来は「想像的」なものですが、一度こうした体制が成立してしまうと、他の現実的な解決策は、集団内の葛藤解決の方法としては用いられなくなります。結果として、「タテ社会の論理」に依存する度合いがますます強くなっていくのです。

組織内、組織間の序列の上下という「タテ社会」の論理に依存すると、他者や現実的な課題にきちんと向き合うことをせずに、現実からかい離した、想像上の一体感の維持に終始するようになってしまいます。

よく言われる「官僚の弊害」とは、既存の枠に当てはめて課題を達成する能力はきわめて高いにもかかわらず、その枠を外れた課題に対しては縦割り行政（タテ社会の論理の現実化した典型です）の狭間に落ち込んで、ばかばかしいほど物事に対処できない状況のことです。これに対してマスコミや識者は繰り返し、批判の矢を向けてきました。

しかしこれは集団心理に根を下ろした問題ですから、制度を変えたからといってすぐに解消できるようなものではないのです。

日本論の古典であるルース・ベネディクト（1887-1948）『菊と刀』（一九四六年）に、敗戦直後、保守派の幣原喜重郎首相が行った発言について触れた部分があります。

「新生日本の政府は、国民の意思を尊重する民主主義的形態をそなえている。（中略）わが国では古来、天皇陛下はその御意思を国民の意思としてこられた。これこそが明治憲法の精神である。私が言及している民主的政府は、このような精神を忠実に体現するものと考えることができる」

これに対してベネディクトは、「民主主義をこのように表現することは、アメリカの読者にとって無意味以外の何物でもない」と切り捨てました。同じように、『タテ社会の人間関係』でも、中根が強く当惑した企業文化が描かれています。

「ある会合で、『わが社はほかと違って、アメリカ式の能力主義を採用し、民主的な経営をしています』などと、上座にいる部長などが誇らしげにおっしゃり、課長・係長は、『いかにも、その通りで』などという反応を（それぞれのポストに応じたからだの動かし方で）される」

ベネディクトや中根のような立場では、天皇と国民の意思が一体であるような民主主義も、ひたすら上に追従するような民主的経営も、全く無意味です。

民主主義の前提は、それぞれ集団の成員が、天皇や首相、あるいは会社の上司からは独立した個人として精神性を確立していることです。どれだけ言葉の上で民主主義や能力主義を賞賛し、それを取り入れると言っても、その前提が否定されているなら、当惑しか生じないでしょう。しかし、ベネディクトは先の引用に続けてこうも述べます。

「日本では、西洋流のイデオロギーの基盤よりもこうした民主主義の解釈を土台にしたほうが、市民の自由の領域を拡大し、国民の福祉を確立することが容易になる」

日本人は、社会が提示する序列に敏感で、人間関係のトラブルにも、自分の社会的な地位に応じて行動しようとします。心理学的には「社会的役割への同一化」とされ、主体的判断を控えて社会的権威を参照する傾向には、自己責任による決断の回避という隠された依存が含まれています。

しかし同時に、分不相応で出過ぎた言動を控え、世間の慣例にしたがう処世術ともなっている。二つの立場の優劣は安易には決しがたいのです。

「治療共同体」という試みから

繰り返し述べてきた「想像上の一体感」は一般社会だけでなく、精神科の臨床現場でも観察されます。以下はその一例です。

筆者は精神科医となって二十年以上になりますが、地域の精神科病院に勤めて地元の人と知り合うと、驚くほど多くの人から、「子どもの頃に悪いことをすると、(私の勤める)××病院に入院させるぞ、と叱られた」と言われます。

日本における精神科病院が、社会にうまく適合できない人々を「長期間、隔離して収容する」役割を果たしてきたのは事実です。私が医師になりたてだった一九九〇年代と比べれば、諸外国の批判もあり、日本でも長期入院を減らす取り組みが行われ、現在はかなり改善もされています。しかし、何年も入院生活を送った人をいざ退院させようとしても簡単でないことは容易に想像がつきます。

若い頃に精神病を発症して二十年以上外出が許されなかったある患者は、外に連れ出されて駅の自動改札を見て驚愕し、一人では通過することさえできませんでした。日常生活を送る上で必要な知識やスキルの欠如もさることながら、それ以上に深刻なのは、自発的に物事に取り組んで解決しようという意欲が失われていることでした。

日々厳重に管理される入院生活では、その枠組みを超える患者の言動に対して厳しいペナルティが課せられます。そして精神医療では、治療という名目でペナルティが課される危険性が常にあります。

患者ははじめのうちは反抗しても、やがて諦めて管理に服し、そのうち自分が従っている管理の枠組みへの疑問も抱かず、ただ黙々と従属するようになっていきます。それに慣れると、管理から解放された時にどうすればいいのか分からなくなる。これは施設症（*institutionalism*）と呼ばれ、一度成立すると解消するのはきわめて困難です。

この問題に熱心に取り組んだ医師たちの努力によって、現在では、長期の精神科病院への入院を行わないのが最良の策だと考えられています。中でも、マックスウェル・ジョーンズ（1907–90）やデイビッド・クラーク（1920–2010）などの精神科医は、「治療共同体」という概念を唱えました。

これは、医師を中心とする病院内のヒエラルキーに依存した集団生活の運営を、できるだけ減らそうというものです。つまり、患者自身が責任をもって日常生活の決定に関与し、その結果を体験することが心の問題の解決に役立つという考え方です。

そこではコミュニティ・ミーティングという話し合いが重視され、病棟に関わるあらゆる人たちが、「風呂を使う順番をどう決めるか」、「次のレクリエーションはどこに出かけるか、その予算はどうするか」といった日常的なテーマについて、それぞれ平等な立場で話し合います。

私自身、こうした取り組みに熱心な病院で五年ほど勤務したことがあり、週一回のミーティングの司会を務めました。しかし、いざ実践しようとすると次々と困難にぶつかりました。まず実感したのは、「自由に話しなさい」と言われても、ほとんどの患者が話せないことです。やはり従前のヒエラルキーに依存、あるいは尊重する気持ちが強く、「先生（私）に指示や助言をしてほしい」というリクエストが圧倒的でした。

普通、精神科病院の閉鎖病棟には保護室があり、興奮が強い患者を一人で隔離して安静を保持させる目的で使われます。長くても数日程度の場合が多いのですが、保護室にいても興奮が鎮まらないか、いったん落ち着いて一般病室に移動してもすぐに状態が悪くなり、保護室に戻ってしまう患者がいます。

病棟には三人の常連患者がいて、うち一人を私が担当していました。何年かにわたって保護室の利用が常態化し、薬物療法の工夫など思いつくことはすべて試みましたが、ほとんど効果がみられません。

もちろん、この患者自身の問題は色々あるのですが、病棟のコミュニティの中で彼がどんな役割を占めているのか観察すると、興味深いことに気がつきました。病棟内が落ち着いている時はよくても、暴力や金銭トラブル、看護体制への不満などで病棟内の不安や緊張が高まると、きまってこの患者の話になるのです。

医師や看護師のカンファレンスでも、直面する問題そのものの解決というより、衆目の一致する常連患者の話題へと移っていきます。問題行動が指摘され、そのたびに同調者が現れ、隔離時間の延長や向精神薬の増量が提案されたりする。あの患者には断固として対処すべきだ、という話になるのでした。

患者を交えたコミュニティ・ミーティングでも、同じような傾向がありました。病院のスタッフからも他の入院患者からも提案が行われることは一見平等ですが、責任を押し付けられる常連患者については配慮されません。つまり、常連患者を除いたメンバーによる一体感はあるものの、彼を含めた全体が病棟なのだという現実は意識から排除されている。「みんなで協力して問題に対処した」ように見えますが、こうした集団心理について精神分析してみると違う側面が見えてきます。

つまり、集団全体として課題に取り組む勇気はないが、それに立ち向かわなくてはならないと予感しただけで集団全体の不安や緊張が高まり、耐えられなくなる。防衛策として、慣れ親しんだ「保護室の常連患者の問題行動」に気持ちを振り向け、「想像上の一体感」を持つことで気持ちを安定させようとする。周囲から見下されている患者をスケープゴートにして、それに依存することで集団心理を救済しようとするのです。

ここで認められる一体感は常連患者自身の回復をもたらすことはなく、むしろ分裂を強化します。特定の患者に関心を向けるのは一種のまやかしで、目くらましにすぎません。私は、病棟の関心がこの患者に向けられるたびに、もっと取り組むべき課題があることを指摘しました。数年を要したものの、結果的にこの常連患者は一般病室に移ることができました。

これと同じ観点は一般臨床にも応用できます。例えば、薬物が効きにくく慢性的な精神不調を訴える人がいます。その人が家族や職場など長い時間を過ごすコミュニティの中でスケープゴート役を負わせられている場合、その役割を外れることで状況が改善するケースは頻繁に認められます。

しかし、こうしたケースでは周囲の人がそれに抵抗することが少なくありません。状態が改善すると、その人をスケープゴートにすることで安定していたコミュニティ内部の別の誰かの状態が悪化することが多いのです。

想像上の一体感を維持するためにコミュニティが攻撃対象にしやすいのは、やはりタテ社会の論理から外れた人や、その中で低位に位置する人たちです。実際、上位の者が不条理な攻撃性を発揮し、それを下位の者が甘んじて受け入れることが集団の一体感と統制を強化し、組織の競争力向上に貢献する面もあります。

「想像上の一体感」は、仮想であっても敵を作り、対抗心を煽ることで最も容易に維持されます。ゴシップや噂話、あるいはいじめにも、これと似たような心理が働いています。政治や社会、対人関係で思い通りにならない重苦しさを感じると、マスコミ（あるいはいじめる側）が特定の個人をバッシングすることで、そちらに注意を集中させる。スケープゴートを作り、皆で攻撃して心理的な一体感を得ることで、現実的な課題がもたらす不安から回避しようとする。そこには心理的な快感さえ伴います。

私が病院で経験したのも、こうした日本的な集団ならではのものでした。病院の管理に服さず勝手気ままな患者の姿は、他の構成員にとっては、特権を享受していると理解される危険性があり、その認識はしばしば強い羨望の念を引き起こします。

病院に限らず、集団としてのナルシシズムが未成熟である場合、羨望が強烈な攻撃性となって発揮されることがあります。いわゆる「出る杭は打たれる」という現象で、自己主張をし、自主的に行動した人が槍玉にあげられるケースです。

日本的コミュニティの内側においては、「空気の読めない人間を、周囲に配慮できるように教育した」という道徳的行為として理解されます。日本人は、長い歳月このような経験をくり返して、周囲の空気を読み、自らが浮き上がるような言動を避ける振る舞いを身につけてきました。再び『菊と刀』の分析を引きます。

「日本人があらゆる努力を払って目指すのは、恣意的な権力の出現を最小限に食い止めることである」

「権威の象徴となる人物は常に実権から切り離されている。むき出しの権力を行使する者の正体を見破ると、日本人はそれを、私利私欲の追求に走るものであって、日本人の体制にふさわしくないと見なす」

伝統的に、日本人の集団の中で「目立つ」こと、そこで共有される想像上の一体感を個人が超えることは、過酷な代償を求められる行為だというのです。

ブラック企業を生む社会病理

組織の新入りメンバーが先輩から「いじめ」ともとれるような「かわいがり」を受けたとしても、終身雇用制を守る企業なら、ある程度は正当化も可能です。組織としてその人間を生涯にわたってメンバーとして保護する前提があり、新入りもやがて組織の中で先輩となっていくなら、愛のムチとして耐え、その経験から能力を向上させることもあるでしょう。

しかし、現在のように雇用形態が不安定になると、集団内で立場の弱いメンバーが十分な保護も与えられず、将来的に相応の地位が与えられる可能性もないまま、当然のように集団への献身を求められる。これはある種の搾取になります。

そういう搾取を受け続けると、想像上の一体感にも寄りかかれず、かといって現実的な一体感からも自身が疎外されているという自己認識を持つようになります。この心理的衝撃は非常に大きく、外に向かうと他者への強い恨みや怒りとなり、内に向かえば、うつ病の発症や自殺リスクを高めます。

伝統的に日本的な組織は、年齢に応じて就くことのできるポストを多く準備していたものでした。しかし、それだけ余裕のある企業や組織は少なくなり、他方では肩たたきやリストラが当たり前になっている。効率重視で集団としての存続が最優先の経営状況では、タテ社会の論理の下位に位置する人ほど容易に切り捨てられます。

先述のように、法や契約という概念に乏しい日本で、非正規雇用が全労働者の四割を超えています。そこに出現したのが、「ブラック企業」という社会問題でした。今野晴貴は『ブラック企業　日本を食いつぶす妖怪』の中で、過労死を生む異様な労働環境について次のように述べています。

「少なくとも日本企業にはそうした過酷な労働要求に対し、年功賃金や終身雇用、あるいは職場の手厚い人間関係によって、『報いる』ところがあったからだろう。しかし、ブラック企業には、それらが欠落している。将来性はなく、人間的な抱擁力もない」

合理的に考えればブラック企業で若者が働き続けること自体が不思議に思えますが、日本社会が自虐的世話役のようなあり方を理想とし、想像上の一体感に依存しがちであることを思い出すなら理解できなくはないのです。

第三章で取り上げたCさんのように、親子の関係で常に罪悪感を押し付けられて「自虐的世話役」のパーソナリティを身につけた人は、社会に出た後、集団との関係において絶えず自分が罪悪感を押し付けられ、それを甘受するようになります。

今野の説明を読むと、ブラック企業は若者に見返りを与えないまま、統制だけを洗練強化していることがわかります。閉鎖的な組織内での格付けを絶対視する「タテ社会の論理」が、日本的な美意識を取り去られた露骨な利益至上主義と結びついて、より強化された姿で再生産されているように見えます。

今野は、若者が「新入社員＝コスト＝悪」「利益を出している会社の上役＝善」という価値観を内面化することを強く求められる様子を報告しています。

精神科医として非常に遺憾なのは、ブラック企業では、社員を統制するための「カウンセリング」がしばしば用いられるという指摘でした。

「執行役員と2人きりになった社員は、ひとまずやさしくどのような人生を送ってきたか尋ねられる。そして、その後長時間にわたって、人生の失敗を掘り返しては自省し、自己否定を繰り返させられる」

「紛争を抱える若者たちからの相談を受けていると、彼ら自身、厳しい就職活動の中で拾ってくれた会社に対して、非常に献身的な志を持っている」

このような状態に置かれた若者から、多数のうつ病が発症しているのです。しかし、若者がブラック企業批判をすると、「甘えている」「文句を言わずに頑張っている人もいる」と逆に批判されることが多いそうです。なぜなのでしょうか。

前述のように、藤田省三は、日本社会では政治的紛争の解決にも経済的調整にも、素朴なムラ社会の道徳がほとんど唯一の社会的装置となっていることを指摘しました。その考察をあてはめると、労働問題の専門的視点を欠いたままに「若者が会社や社会に対して不満を語るべきではない」という道徳的な判断が行われていることが分かります。

「『権威主義』が悪の源でもなく、『民主主義』が混乱を生むのでもなく、それよりも、もっと根底にある日本人の習性である、『人』には従ったり（人を従えたり）、影響され（影響を与え）ても、『ルール』を設定したり、それに従う、という伝統がない社会であるということが、最も大きなガンになっている」

中根千枝がそう嘆いたように、法や契約で解決されるべき社会的葛藤を第三者の調停にゆだねるという発想に乏しいために、情緒的な力のぶつかり合いになってしまうのです。この場合、社会的に立場の弱い若者の側が敗れるのは明らかです。

それでも中根の指摘から半世紀近くが過ぎ、日本社会における「ヨコ」のつながりの弱さは、以前よりは良い方向に変化しているようです。今野自身、ブラック企業の問題を様々な方面に発信しながら、それに対応するＮＰＯを運営しています。その他にも、従来の企業別組合だけでなく、タテ社会の限界を補うものとして企業や個人をヨコにつなぐユニオン型の組合が育っています。

他方では、今野も指摘しているように、ブラック企業の問題が一般に知られるにつれ、通常は容認されるべき新人指導でさえ「ブラック企業による不条理な押し付け」と見なされて、企業による健全な社員教育が妨げられる現象が出てきました。

しかし、企業と新入社員のどちらが罪悪感を持つべきか、という情緒的パワーゲームに陥るのではなく、法や第三者機関が関与できるような社会システムを整備し、個別の経験を蓄積して普遍化することが大切です。

古典的うつと新型うつ

ブラック企業と同じように、二〇〇〇年代に入ってマスコミで定着した言葉が「新型うつ」です。うつ病になる人はメランコリー親和型のような病前性格を持つと考えられていましたが、近年、必ずしもそうではない人が増えています。

そうした人に従前通り休養と薬物療法だけを勧め、何も内省を求めないのはかえって依存性やナルシシズムを助長し、問題を混乱させるという声には、精神医学の現状への批判も込められているようです。臨床例を二つ紹介しましょう。

＊

四十代のDさんは二人の子の父で、営業職として周囲から信頼されていました。二年前に会社の都合で現場の人員が減らされてから、さらに忙しくなりました。

もともと休日は釣りに行くのが趣味でしたが、その余裕もなくなり、代わりに飲酒量が増えていきました。次第に仕事の効率が上がらないこと、簡単なミスが増えたことなどに気がつきます。夜中に起きてしまうことも増え、食欲も減りました。

そんな中で、仕事でミスをしてしまいます。疲れやすさを自覚していたものの、職場の状況を考えると自分が頑張るしかないと考えていました。本人の普段の仕事ぶりを知る同僚は理解を示してくれましたが、本社からは厳しい注意を受けます。

そして、自分でもミスをした自分を許せないと感じていました。本当に追いつめられた気持ちで夜もよく寝られず、朝起きても体中の疲れが抜けないようになりました。

家族と会社の上司で本人を精神科病院に受診させたところ、うつ病と診断され、治療が始まりました。

＊

二十代の男性Eさんは入社三年目の会社員です。一人っ子で両親に大切に育てられ、成績は上位で他人の面倒見がよく、部活動ではキャプテンも務めました。物事には熱中するタイプでしたが、あまり根気が続かず、几帳面でもありませんでした。

就職してからも、人当たりの良さもあって色々な仕事を任されました。しかし、熱心に取り組むものの、仕事が大変になると突然休んでしまうことがくり返された。本人は、「一日休むと、その後に出勤するか欠勤するか、迷っているうちに具合が悪くなる」と言うのです。

短期間休んで抗うつ薬などを服用すると、症状は比較的短期間で改善するのですが、すぐに再発する。それが何度もくり返されました。

＊

二つの症例を比較すると、自分の勤める会社との想像上の一体感の性質は、Dさんは明確な献身、Eさんは曖昧で安易な態度になっています。Dさんにとって会社の仕事が文字通り「自分のこと」と体験されているのに比べて、Eさんは仕事に対して距離を置き、「自分のこと」「会社の仕事のこと」とどこかで線引きして考えています。

最初に紹介したAさんを診ている時、私は「真面目に仕事をしている人を、不真面目な人に作り替えようとしているのではないか」という葛藤を感じたものでした。

つまり、「想像上の一体感」から抜け出るというのは、Dさんのような人を減らし、Eさんのような人を増やすことではないかという疑問がわいてくるのです。これはどう分析したらよいのでしょうか。

メランコリーからディスチミア親和型へ

精神医学の世界では、一九七〇年代の後半から「逃避型」「現代型」「未熟型」などの形容詞のついた、抑うつを主訴とする患者が報告されるようになりました。

ここでは樽味伸（1971-2005）という精神科医が報告した「ディスチミア親和型」について取り上げます。ディスチミア（*dysthymia*）とは、抑うつに関連した気分を表す言葉で「気分変調症」とも訳され、メランコリー（*melancholia*）が重症で病気の時期がはっきりしているのに比べて、だらだらと続く、漠然とした抑うつ状態を指します。

樽味はディスチミア親和型の病像について、「倦怠が強く、罪業感とともに疲弊するよりも、漠然とした万能感を保持したまま回避的行動をとる印象がある」と説明します。メランコリー親和型と比較すると、次のようになります。上がメランコリー親和型、下がディスチミア親和型の特徴で、これは前項のDさん、Eさんにも対応しているようです。

・社会的役割や規範への愛着／自己自身（役割ぬき）への愛着
・規範に対して好意的で同一化／規範に対して「ストレス」であると抵抗する
・秩序を愛し、配慮的で几帳面／秩序への否定的感情と漠然とした万能感
・基本的に仕事熱心／もともと仕事熱心ではない

メランコリー親和型からディスチミア親和型への変化を見ると、前者では「タテ社会の論理」への信頼と同一化が強固ですが、後者ではそれが失われています。にもかかわらず、集団から離れた個人としての精神性は確立されず、否定的な感情を含んだ「漠然とした一体感」だけが維持されています。

つまり、自分と社会、両方の価値が低下したままの状態です。この背景には、戦後と

くに強まった「個人」と「自由」への礼賛、ひいては「タテ社会の論理」への非難と攻撃があります。バブルが崩壊した一九九〇年代以降、日本社会では「年功序列」「格付け」に対する批判が一斉に起こりました。

「個人」よりも圧倒的に「集団」が意識される社会が抱える様々な問題解決には、そのパワーバランスを大胆に変えなくてはならない――。実は私自身、そうした風潮に同調していました。精神病者の不幸は「タテ社会の論理」が強すぎる日本の社会病理に由来すると考え、それを批判していたのです。今にして思えば、そこには過度の単純化があり、精神科医としては不適切な対応もあったと反省しています。

例えば、ディスチミア親和型の患者に対して、

「あなたの精神的不調は、どうも会社や上司に責任があるようですね。命じられた通りに仕事をするより、もっと自分個人の考えを大事にしてください」

などと「タテ社会の論理」を排撃するだけでは、逆に事態を深刻化させかねません。

ディスチミア親和型には、オモテ（建前）での社会における「格付け」を否定する言葉とは裏腹に、ウラ（本音）では自分の位置なり格付けに非常に敏感な人がいます。会社なり仕事なり、依存対象を否定することで、逆に依存対象から評価されることを求め

ている。要するに、捻じれた形でナルシシズムを満足させようとするのです。

そこで旧来の日本的経営、すなわち「タテ社会の論理」を見直すべきだという意見には相応の理由があります。課題が明確で、その解決を目指す場面では、このような秩序によって維持されている組織や集団は非常に効率的に機能できます。

さらに、人間にとって新しい能力の獲得は、最初は上手な人を模倣するという同一化を通じて行われます。本当にオリジナルな創意工夫が可能になるのは相当に段階が進んでからで、それまでの一定期間、新しい参入者は「疑問を感じても、ひたすら先輩の指導に従う」ことが重要になります。

そうすることで安定したスキルや技術が獲《え》られ、社会的な役割、人間関係や周囲からの信頼も獲得できるのであって、最初から師匠と弟子が平等では教育など不可能です。企業においても、特にキャリア初期の社員においては、タテ社会の論理の中で修練を積むことが、結果的には当人のためになることが多いのです。

つまり、自我の確立は果たされていないが、所属する「場」が求める社会的役割に対応するうちに、「性格の鎧」が周囲に内在化されるのです（社会的な役割への同一化）。その鎧は次第に厚くなり、外側の「オモテ・タテマエ」と、内側の不定形な「ウラ・ホン

図6　日本的な自己実現のイメージ

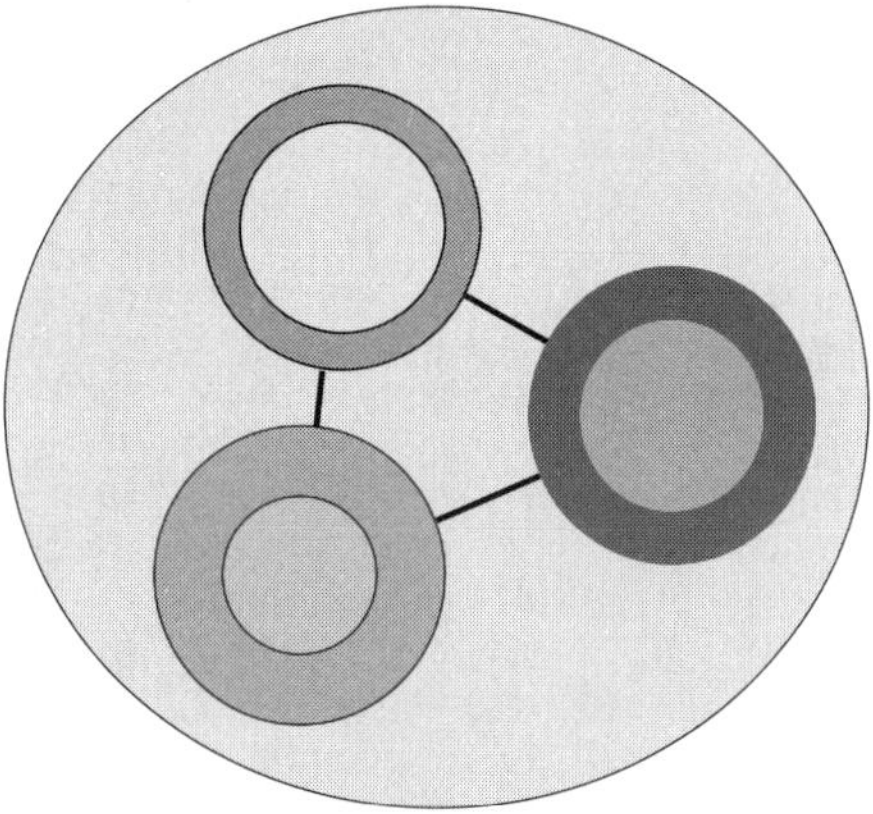

自我の確立が不十分でも性格の鎧（社会的な役割への同一化）を足掛かりに、様々な社会的な体験をするうちに鎧の厚みが増していく。「タテ社会の論理」にしたがいながら、内側に自他の境界がつくられる。個人としても社会の一員としても機能できる。

ネ」を使い分けられるようになります。

集団の規模がさらに大きくなるにしたがって、様々な社会的な体験をします。その中で時に脆弱な内部が露呈することがあっても、それなりに収めることを覚えていきます。

やがて性格の鎧の内側に自他の境界がつくられ、自他ともに、良いことも悪いこともある全体として体験する。ここまで来ると、組織や社会の一員としてルーティンをこなしながら、突発的な事態にも柔軟に対応できるようになります。これが個人の「タテ社会の論理」を基本とした、日本的な自己実現のイメージと言えるでしょう。（図

6参照）

「否定する日本社会への同一化」

では、「タテ社会の論理」を全面的に回復すべきかというと、話はそう簡単ではありません。ブラック企業では、「若者がブラック企業のことを非難すると、若者の方が『甘い』と非難される」（今野）と指摘され、一部の精神科医は、会社側の肩を持つような形で若者を圧迫していると告発しています。

メランコリー親和型のようなパーソナリティが成立する前提条件は、かつての日本企業のように「終身雇用」や「年功序列」など、全社員の人生を抱え込むという保証でした。そうであればこそ、社員たちの全人的な献身も正当化されました。しかし、ブラック企業ではそうした保証はないまま、短期的に若者に過酷なノルマを課し、疲弊して使いものにならなくなれば切り捨てるだけです。

いわゆる新型うつを、当事者である若者の「逃避的」「未熟」「回避的」「ナルシシスティック」などのパーソナリティと関連付けてしまった段階で、精神科医としての対応は難しくなります。非正規雇用や反対給付なき「タテ社会の論理」を前提としてブラック企業が成立しているという社会的背景をよく理解して対応を考える必要があります。

ブラック企業が横行する今の社会では、「ブラックではない企業においても、育成が困難になっている」。企業側は「厳しく育てようとすると、パワハラだと感じる若者が増えている」ことに困惑し、時に不満を感じる。しかし、若者の「厳しさ」への過剰とも取れる反応は、「実際にブラック企業という『リスク』が存在するために自然と発生した自衛的な思考」だと今野は説明しています。

世代が下るほど「タテ社会の論理」は信用を失い、単純に「個人」を「集団」に優越させる風潮の下で、ナルシシズムの病理が深まっています。

メランコリー親和型は社会的な役割に同一化することで意味ある人間関係に参入できましたが、安定した社会的な役割を得られない現代の若者は同一化を果たせないまま、ナルシシズムをむき出しにせざるを得ないようです。

これについて樽味は、次のように説明しています。

「無風空間から何の備えもなく一般社会に出立したとき、実は存在していた競争原理に、彼らはいきなり直面することになる。（中略）それに対抗するために彼らがもっているものは、それまで試されることさえないまま保持されてきた、幼い万能感しかないので

図7　メランコリー親和型

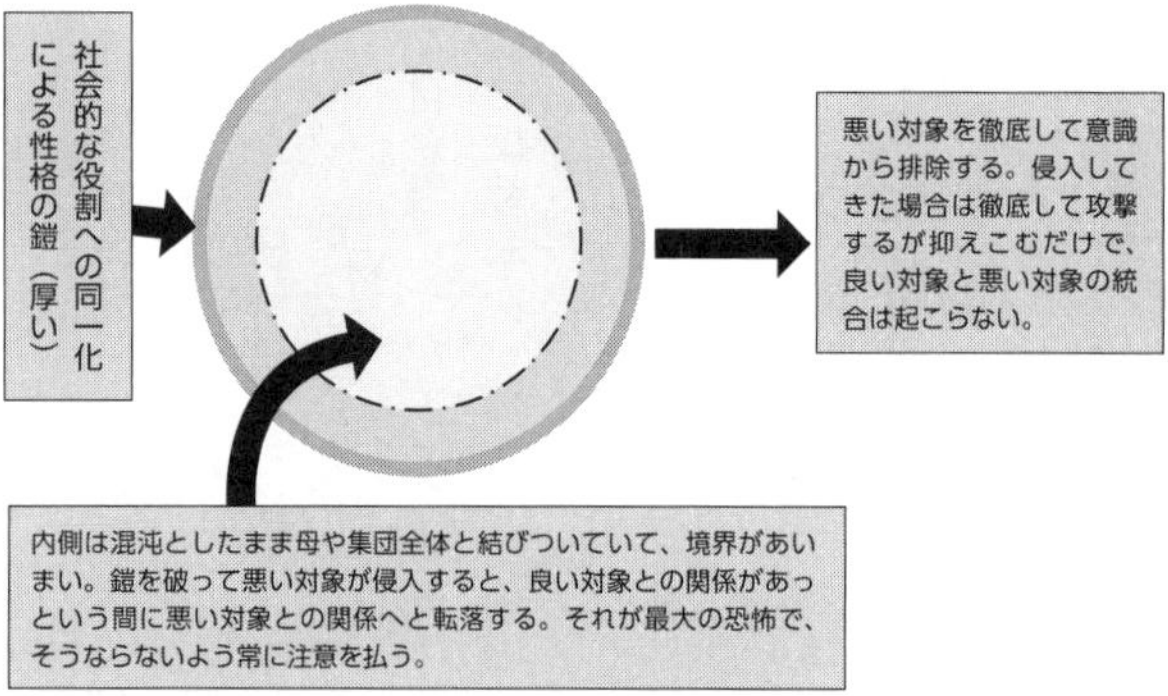
社会的な役割への同一化による性格の鎧（厚い）
悪い対象を徹底して意識から排除する。侵入してきた場合は徹底して攻撃するが抑えこむだけで、良い対象と悪い対象の統合は起こらない。
内側は混沌としたまま母や集団全体と結びついていて、境界があいまい。鎧を破って悪い対象が侵入すると、良い対象との関係があっという間に悪い対象との関係へと転落する。それが最大の恐怖で、そうならないよう常に注意を払う。

自虐的世話役（図5）に共通する弱点（自我の確立が不十分）はあるが、社会的安定性は獲得している。会社員であること、日本人であることなど、社会的な役割を取り込んだ性格の鎧は堅牢で、それが組織化されることで機能的な集団・組織ができる。良くも悪くも柔軟性に欠けるため、状況変化に適応できないことが続くと内側の脆弱で混沌としたパーソナリティが露呈し、うつ病（メランコリー）の発症につながる。現実の問題解決よりも体面が優先されやすい。

図8　ディスチミア親和型

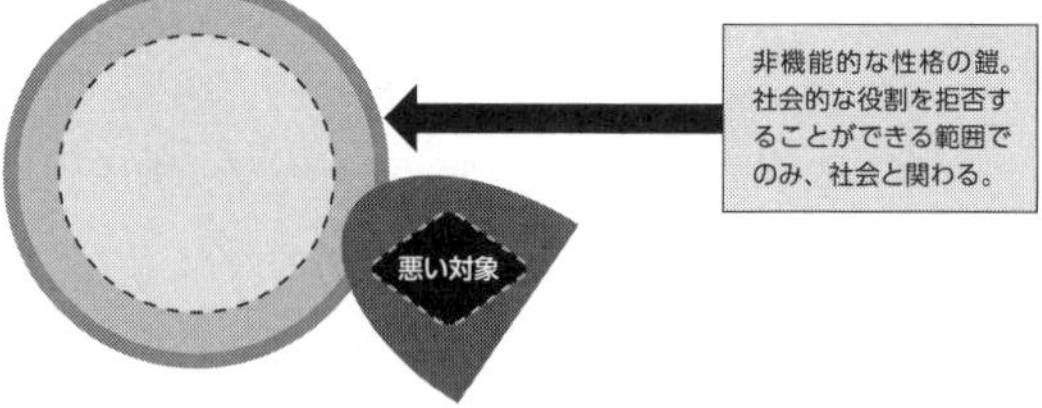
非機能的な性格の鎧。社会的な役割を拒否することができる範囲でのみ、社会と関わる。
悪い対象

自分（と仲間内）が善で、それ以外の他者（社会）が悪という分裂が固定化され、統合されていない。このような社会との関わり方が性格の鎧として次第に強度を獲得する。論理的に正しい主張もするが評論家的で無責任な水準にとどまり、社会的な経験を求められる場に参入できない。ナルシシズムの成熟、分裂の統合、自我の確立がいずれも果たされていない。

ある。それを守るためには、彼らは自己愛的にならざるをえない」

つまり、メランコリー親和型に認められた「想像上の日本社会への同一化」を表面的に否定した結果生じたのは、「日本社会への否定的な同一化」という奇妙なパーソナリティでした。言い換えれば、「この社会（あるいは会社）には問題があり、自分は優れた人間（個人）なのだから社会にコミットしなくてもいい（自由）だろう」というような尊大な自意識こそがディスチミア親和型の正体です。

そこでは社会から独立した確固たる自我など形成されていません。自我の確立は社会を否定するだけで成し遂げられるものではなく、社会の様々な矛盾に対する精神的な葛藤、自ら身をもって苦難を乗り越えて果たされるしかないものだからです。（図7、図8参照）

権威や道徳からの逃走

未熟な自我を抱えたまま、想像の上でも現実としても社会に同一化できない、つまり居場所のない若者の場合、金銭的なことだけが関心事項となってしまうケースがあります。症例を一つ参照しておきます。

＊

三十代前半の男性Fさんは地方出身で、首都圏で単身生活をしていましたが、失業中でした。診察では抑うつ感をあまり感じさせない淡々とした口調でしたが、初診時から熱心に人生観を語りました。それは、いささか変わったものでした。

「今の世の中では、お金がなかったら楽しく生きられません。自分には特別な資格もコネクションもないし、条件のいい就職ができる可能性もない。月収三十万円以上あれば生きていて楽しいだろうけど、月収十七、八万のアルバイトでは生きていても仕方がありません。今の人間関係と言えばネットと風俗嬢くらいです」

それ以外にもある芸能人を例に出して、こんな話をしていました。

「年齢が進んだら恰好悪くなったよね。自分もそうなるのは耐えられない。合理的に考えて、自分は自殺すべきだと考えています。自分が自殺した場合、それは病気によるものではなく、理性で考えた上での選択ですから」

外来でこのように語っていたFさんは、本当にある日突然、自殺してしまいました。

＊

担当医として、それは衝撃的な体験でした。人として関係を深めるきっかけがつかめないまま何も精神科医らしい介入をする余地もなく、最悪の結果になってしまった。後で考えても自殺のサインは希薄だったにもかかわらず、です。

労働や学業から「逃走する」若者や子どもについて、評論家の内田樹は『こんな日本でよかったね　構造主義的日本論』の中の「不快という貨幣」というエッセイで、次のように指摘しています（筆者要約）。

——現代の子どもたちの一部は、「苦役に耐えること、他人がおしつける不快に耐えること」を労働の最初と認識している。「お小遣いをあげるから勉強をしなさい」といった介入が過剰になされることが、こうした認識を準備している。この意識は父の愚痴や一方的な要求を、苦痛そうに聞く母の様子から育まれることもある。子どもたちは、周囲から叱られたり注意されたりすることを「他人のもたらす不快に耐える」という労働として体験しているため、「これまで蓄財してきた『不快の債権者』として、遠からずその債務の履行を求める」結果、周囲に著しい苦痛を感じさせることもいとわなくなる可能性がある。

努力して自分を磨き、額に汗して働くことが社会的に報われるとは期待できず、自分自身でもそこに価値を感じられない。金銭的顧慮だけにとらわれ、いとも簡単に自分の命を絶ってしまうことが、周囲にどんな苦痛を与えるかにも思いがいたらない。このような殺伐とした社会は、誰にとっても快適ではないでしょう。

そこで、やはり「タテ社会の論理」のような旧来の社会的権威の再建が必要だと考える人が増えたとしても、不思議ではありません。

しかし、それによってもたらされる一体感はもはや「想像的」なものではなく、「現実的」に機能するものとして体験されることが重要です。それには、社会の現実を見据え、自分や周囲の不都合な面とも向き合い、冷静に考えられるようなナルシシズムが成熟した個人が必要でしょう。

日本論が活発な国

もともと日本では「日本論」がとても活発です。その要因は、社会における人間関係の調整が「道徳」に深く依存していることにあります。

社会の中で道徳的な優位を維持することが人間関係を有利に進める上で重要になる。

したがってこの社会に生きる者として、日本的な「道徳」がどのように働いているのかに常に強い関心が向けられるのです。

しかし、実は「日本論」に依存する精神性そのものが問題なのです。成熟したナルシシズムは自己へのとらわれを減らし、他者へのより積極的な関心をもたらします。その意味では、「日本的ナルシシズム」が成熟するということは、内輪目線の日本へのこだわりから離れて、客観的に問題と向き合えるようになることです。

精神分析家として集団精神療法の発展に大きな功績を残したビオン（1897–1979）に、「考えることに関する理論」と題された初期の論文があります。人間は、強すぎる欲求不満と出会うと「考えること」ではなくて、「道徳的な万能感」を発達させる。一つのことを道徳的に「善」とし、他のものを「悪」とする独善的な断定が葛藤場面で頻繁に行われ、やがて真偽の判断さえなくなってしまうというのです。そうした道徳的な万能感には、現実を否認するナルシシスティックな側面があります。

ビオンによると、欲求不満が十分耐えうるものなら、その人は自らが置かれた状況について現実的に考え、その苦痛に耐えやすくなる行動を選択しながら「考えること」の装置をさらに発達させていきます。

逆に、欲求不満への耐性が足りないと、「道徳的な万能感」を発達させて、欲求不満の対象について考えないどころか、心の中から消し去ってしまう。つまり、葛藤やモヤモヤは速やかに外に排泄されるべき悪い対象となるのです。

こうした幼児的な心理機制をクライン派の精神分析は「投影同一視」と呼びました。自己と他者が別の存在であることが分からなくなっている心の状態で、話している内容が「私」のことか、「私たち」のことか、はたまた「他の誰か」のことなのか混乱してしまう状態です。

精神医学の見地からは、これではナルシシズムの問題は何ら解消されず、一つのナルシシズムを別のナルシシズムに置き換えるにすぎず、それによって健全な自我機能が強化されることも、集団としての社会秩序が再建されることもありません。

このような思考状態に陥った集団においては、個人の場合より、さらに心理的な退行現象が起こりやすくなります。集団のナルシシズムがいっそう強まり、「排泄」や「道徳的な万能感」が頻繁に現れるのです。これは、最近の嫌中、嫌韓ブームなどにも窺われることではないでしょうか。

客観的に現実を直視して合理的な解決策を考え抜くのではなく、分かりやすいスローガンを掲げたり、スケープゴートを仕立てて皆で攻撃したりすることで、「想像上の一体感」を高めようとする。為政者が対応できない国内問題を解消するために、他国との戦争によって国をまとめようとした数々の歴史が思い返されるべきでしょう。

第七章　原発をめぐる曖昧なナルシシズム

リスクを避けるゲーム

現在、私は福島県南相馬市で精神科医として働いています。二〇一一年に起きた原発事故をめぐる問題には、「日本的ナルシシズム」という社会心理学的な課題が深く関わっているように見えます。本章では、その関係について考察してみることにします。

まず、国会による事故調査委員会の報告書では、事故が起きる前の東京電力と監督官庁の関係が問題視されました。本来対立する面を持つはずの両者ですが、現場の技術格差を背景として、東京電力による規制当局の原子力安全・保安院の「とり込み」が行われていたというのです。例えば、津波のリスクに対する東京電力の姿勢です。

「学会等で津波に関する新しい知見が出された場合、本来ならば、リスクの発生可能性が高まったものと理解されるはずであるが、東電の場合は、リスクの発生可能性ではなく、リスクの経営に対する影響度が大きくなったものと理解されてきた。このことは、シビアアクシデントによって周辺住民の健康等に影響を与えること自体をリスクとして捉えるのではなく、対策を講じたり、既設炉を停止したり、訴訟上不利になったりすることをリスクとして捉えていたことを意味する」（報告書より）

「事業者のみでなく、それを規制する側である保安院も、『既設炉への影響がない』ということを大前提として、事業者と共にＳＡ（シビアアクシデント）規制化の落としどころを模索していたことがうかがえる」（同前）

つまり、事業者と規制当局が、事故が起きることについての現実的なリスクや、地域住民の安全の確保という要因を意識から排除して、身内だけの「想像上の一体感」を共有していたということです。このような関係は事故後の対応にも現れました。

「本店側には、現場の実情から判断される発電所の意思決定よりも、官邸や保安院の指示、要請に従うことで、事故対応で生じる結果責任を回避しようとする動きが見られた。こうした本店の姿勢から、やがて本店と現場との意思決定に乖離が生じることとなり、最終的には、発電所においても、現場で下した判断と、本店及び官邸、保安院の指示との間で、後者の意向をくむといった意思決定が見られた」（同前）

閉じた人間関係での「想像上の一体感」を基盤としたゲームの中では、現実を踏まえて現場が必要と判断した介入であっても、後から万一の責任を問われるリスクを回避するためにその介入を控えるように指示する、あるいは他の社会的存在に責任を押し付けられる体制が整うまで待つ、という選択がなされた場面もあったのでした。自らが負うリスクを可能な限り避け、利益を最大化するゲーム。それが未曾有の国難への対応のあり方を決定したのです。

総力戦の統治システム

そもそも、原発は日本におけるどのような社会経済的な背景の中で建設が進められたのでしょうか。社会学者の開沼博は『「フクシマ」論　原子力ムラはなぜ生まれたのか』の中で、「原子力ムラ」が成立した背景を、国家を単一の価値観でまとめあげて総力戦体制を作り上げ、戦争や経済発展を求め続けた近代日本の統治システムと結びつけて考察しています。

開沼が「コロナイゼーション（植民地化）」と呼ぶ統治システムの高度化は、三つの過程に分けられます。この問題を、「同一化」と読み替えてみます。

最初が「外への同一化」で戦前の一八九五年から一九四五年まで、戦前および戦中の海外への日本の侵略行為がそれに当たります。

次が、一九四五年から一九九五年までの「内への同一化」です。外国に植民地を求める活動は太平洋戦争における敗戦によって継続することが不可能になりました。しかし、「植民地」を求めて止まない社会構造は、日本国内の沖縄などの地方に、それまで外地の植民地が担ってきた機能を求めるようになった。福島をはじめ地方に次々と原発が設置されたのも、東京などの都市部に電力を供給する役割を負わせつつ、事故が起きた時のリスクを原発立地に押し付ける「内への同一化」です。

そして、一九九五年以降の「自動化・自発化された同一化」です。地方が原発を引き受けることには、産業の乏しい地域で地元の人に就職先を確保しつつ、交付金を支給することによって衰退しつつある故郷を支えるというメリットも存在しました。

原発は絶対に事故を起こさない、という「安全神話」が共有されていった事実は重大です。私自身もそう思っていましたし、日本中がこの神話を共有していました。ここでも「想像上の一体感」という社会心理が観察されます。『原発メルトダウンへの道』（NHK　ETV特集取材班）に登場する、強力な原発推進者の発言が典型的な例です。

「（大臣は）中身は分からなくてもやる必要があるんだということで、国会答弁しておられました。もう、絶対にやる必要があると言うだけで、中身を説明しないんです」「大人物にも色々ある。が、自分の都合の良いことだけしか聞かないんです。いくら説明しても、自分にはわからんこと、あるいは気に食わんことは、ちょっとも頭に入らない。受け付けないんです」

ここに働いているのが、「躁的防衛（による現実の否認）」と「ナルシシズム」であることは明らかです。そこには、起きた出来事に対して責任を負うことができる一貫した自我の機能を期待できる余地はありません。

突然出てきた自己責任

震災直後の日本人が秩序を守ること、相互に助け合い支え合う「絆」の強さを発揮したことは、私たちの文化の誇るべき良い面です。それが可能だったのも、日本人が容易に「想像上の一体感」を共有できる精神性を持っているからです。

しかし、現場の直接的な人間関係の範囲を超えて、複雑な政治的・経済的な問題についても独立した判断主体の決断ではなく、「空気」のような想像上の一体感からくる行動しか生まれないのだとしたら、さまざまな問題が先送りされて必要な介入がなされないという事態が生じます。

すでに指摘したように、日本的ナルシシズムの弱点の一つは「葛藤を考える力が弱い」ということでした。原発事故をめぐっては、その負の側面が強く現れました。例えば、避難指示をめぐる混乱です。ざっと振り返ってみます。

事故後、原発から二十キロ圏内には避難指示が出され、三十キロ圏内には屋内退避の指示がなされました。汚染状況が不明であった段階では、原発から同心円状に避難区域が設定されたのは妥当な判断でした。

しかし、風向きの影響で、原発の北西方向に当たる地域では周辺よりも線量が上がっていた。そのことを知らされないまま、わざわざ線量の高い地域に避難してしまった住民がいた。「国がSPEEDI（緊急時迅速放射能影響予測ネットワークシステム）の情報を隠したために、無用の被ばくを受けた」という根強い不信の根となりました。

国会事故調の報告書をはじめ国際放射線防護委員会（ICRP）や国際原子力機関（IAEA）も避難指示に疑問を呈していますが、福島県と政府の現地対策本部は保安院に対して、避難指示の変更は地域住民を混乱させるため慎重に判断すべきである、という意見を伝えました。一部の首長もこれと同様の趣旨の発言をしています。

このような意見の調整に手間取ったために、結局、事故当時の風向きの影響で、強い放射能汚染が生じた飯舘村などの地域が「計画的避難区域」に指定され、二十キロ圏内の警戒区域と同様の対応がなされるようになったのは事故からほぼ一か月後のことでした。

もちろん、当事者の尽力は非常時の混乱の中で特筆すべきものであり、事後に批判することは不適切かもしれません。しかし、誰かを貶める目的ではなく、全体的な傾向として把握しておくことは、今後のために意味のあることでしょう。事故対応の責任者たちの問題として、次の二点が挙げられます。

（1）効果が不明な判断については、複数の当事者がなるべく自分が責任を問われる形で関わることを回避しようとするために、問題への介入が遅れてしまった。

（2）全体の不安なり混乱を生じさせないようにすることへの配慮が強く、適切な介入を行わないことを正当化する理由にしてしまった。

個人では対応できない非常事態に巻き込まれた住民に対しては、適切な指示がなされることが望ましいことは言うまでもありません。しかし、それが困難であるときに住民に求められた「自主避難」についてはどうだったか。政府や東京電力には、「自己判断で行ったことだから賠償しない」という住民に責任転嫁するような姿勢がありました。

私が現在暮らしている南相馬市原町区は、原発から二十〜三十キロ圏内にあります。この地域は事故直後に「屋内退避」指示が出され、次いで「緊急時避難準備区域」に指定されました。そのため、その内側で生活している人がいるにもかかわらず、立ち入りは危険とみなされ、食料やガソリンなどの緊急援助物資が届かないという状況が生じました。

本来なら物流の停滞を防ぐ手立てが講じられるべきだったし、危険だと判断していたのなら、避難区域を拡大する指示がなされるべきでした。しかし、この時原子力災害対策本部は、判断を先送りにして、避難の判断を自治体と住民に委ねてしまいました。

地震と津波の直接的な被害の直後、原発事故の恐怖に翻弄されていた人々が、突然に放射線被ばくについての高次な判断を行うことを「自己責任」によって求められたのです。結果として、「あの時、自分が行った判断は不適切だったのではないか」という疑念を抱かざるをえない状況が出現しました。

反省されず強化されるナルシシズム

「日本的ナルシシズム」の問題は、原発事故の発生、事後の対応とも関連があります。それならば、この精神性について真剣な反省が行われるべきですが、現実としては、反省や見直しどころか、逆にそれを強化する過程が進行しているようです。

象徴的な例として、事故後に住民に対して高度化して支払われた賠償金に着目してみます。

賠償を受けるには、まず当事者が請求を行わねばなりません。請求の窓口は東京電力ですが、書式は煩雑で、少なくない被災者が記載に困難を感じます。そのため被災者と国と東京電力という当事者同士の交渉に、第三者が介入しにくい状況があります。

賠償は直接裁判を起こすか、原子力損害賠償紛争解決センター（ADRセンター）に申し立てることもできますが、その方法を選ぶことには抵抗があります。多くの場合、法人や個人の事業に対する賠償も行われていますが、ここでは個人への賠償に絞って考察します。

賠償の中心は、避難指示が始まってから解除後一年間（その後、六年まで延長）まで行われる一人月額十万円の精神的損害賠償で、四人家族なら一世帯あたり月額四十万円。現在までに、避難指示区域は年間の被ばく予想量に応じて、帰還困難、居住制限、避難指示解除準備などの区域に再編されており、それぞれ賠償の計算方法が異なります。

帰還困難区域では一人あたり総額千四百五十万円程度支払われるのに比べて、地域としてはごく近隣にある居住制限区域では、その額が格段に低くなります。多少の支払いはあるものの、原発から三十キロ圏外では、この枠組みでの賠償金は適応されません。

私が精神科医としてこうした地域で暮らしていて痛烈に感じるのは、何とか故郷を再建したいという思いで地元での困難な生活を選んだ人々の間にもたらされた、賠償金の額の違いによる精神的な分断です。

賠償金額の差は、本来は主に考えるべき個人と政府・電力会社との関係ではなく、他の被災者と自分とを比較することに気持ちが向ってしまいます。自分が受けた損害が大きいにもかかわらず、周囲と比較して少ししか賠償を受けていないと考えた場合には、どうしても不満を抱きやすく、より多くの賠償を受けている人々への攻撃的な態度が生じることもあります。反対に、より多くの賠償を受けている人は、何らかの意味で周囲の人々に対して負い目の感情を負わされてしまうのです。

実際に、家族や故郷・仕事などの多くの喪失を体験し、避難生活を続けるなどの苦難の中にあるのにもかかわらず、多くの賠償を受けるために、周囲からの十分な共感や理解をえることが困難となる場合があります。そのため、安心して周囲に相談することができなくなり、疎外感を抱いて孤立する可能性が高まります。

気がつくと、国や電力会社に対して、地域の復興を目指して連帯するという「ヨコの関係」は大きく損なわれ、政府に対する「タテの関係」を前提として、賠償金や補助金・助成金を獲得するために上との関係をめぐって互いに競争をするという立場に置かれているのです。その意味では、被災地域に対する国家と政府のガバナンスは、事故前より強まっていると言えます。

事故前には原発受け入れにともなう助成金をほとんど受け取らず、「飯舘牛」ブランドや、「日本で最も美しい村」連合に加盟するなど独自の自治体運営を行っていた飯舘村が、事故では最も大きな被害を受けた自治体の一つになりました。

福島県の住民は、他の地方の人々から「賠償金の受け取り過ぎ」だと見なされるのをとても恐れています。福島県内でも、浜通り地方の人々が厚い賠償を受け過ぎではないかという、中通りや会津地方の人々からの反発が潜在しています。あえて「自分はいらない」と受け取りを拒否する人もいれば、実際には賠償を受け取るべき状況なのに、たまたま住居が三十キロ圏を外れていたためにほとんど賠償がなされていない人もいます。状況はとても複雑で多様なのです。

にもかかわらず、福島県内の人が国や東京電力に個別の賠償請求を行うと、県内外からの強い非難を受けるために控える傾向も生じています。自分の利益を追求するために国を相手に訴訟を起こすことは、復興に必要な「想像上の一体感」を損なう恐れがあると見なされ、自主規制されるのです。これには、開沼が提唱した「自動化・自発化された同一化」という表現が当たっているのかもしれません。

いずれにしても、何らかの形で存在感のある第三者機関の関与が行われ、地域住民と国・東京電力との関係の調停が公平を目指して行われることが望ましいと考えます。そして国・東京電力と各自治体や各住民がバラバラに関係を結ぶのではなく、自治体同士、住民同士が横に連帯して復興を目指して協調するという動きが、賠償の問題で妨げられないことが必要です。

そのようなさまざまな関係性の相互の葛藤を経験しながら思考し活動する中で、独立した個人としての精神性は養われていきます。

「見るなの禁止」というタブー

事故から約五年、これまで除染に二兆円近いお金が投じられていますが、福島の復興のために必要な対策は除染だけではありません。例えば、もともと脆弱だった医療・介護・福祉の体制はさらに深いダメージを受けました。一時休業を余儀なくされた施設も多く、医師や看護師の数も減少しました。

南相馬市の人口は震災前の七万人以上から六万人強（これは住民票によるもので、実際の居住人口はもっと少ないと考えられる）まで減りましたが、放射線の影響を危ぶむ若い世代が戻らず、高齢化率（六十五歳以上の人が占める割合）は二六パーセントから三二パーセント弱に上昇。震災後に避難生活の影響もあって認知症を悪化させた高齢者が増えましたが、それに対応する医療・福祉の人員は大幅に不足しています。

しかし、復興関連の予算はこうした分野の人材確保には向けられていない印象です。もともと医療・福祉分野にかぎらず市全体に働き手が不足している状況で、建築関連の事業ばかりが先行して進んでいます。実際、二〇一五年七月の建築業の有効求人倍率はじつに四・五九倍に上りました（ハローワーク相双発表）。

除染には大量の予算が投入され、大手企業などが関与する産業構造の中でその予算の再分配が行われていく。外からは見えにくい微妙な現れ方ですが、地域の再建・自立をうながすよりも、「(外部を排除する)想像上の一体感を重視する」日本的ナルシシズムと呼ぶべき社会・心理システムの中に、被災した地域を同化しようとする傾向が強まっているように見えます。

原発についての安全神話を私たちに信じさせたのは、日本的ナルシシズムの心理だったと考えます。そして、今求められているのは、この批判を社会の中で実行力のある形で成し遂げることです。これは、日本という集団とそれに属する自分の心の否定的な面を直視して考えることを通じてしか可能となりません。

しかし、ナルシシスティックで想像上の一体感の維持を重視する社会の中で、その社会の否定的な面について取り上げることは、他の社会成員を刺激して怒りや反発を引き起こし、自らの社会的な立場を悪くさせるリスクを含んでいます。

この社会・心理システムは、日本の隅々にまでいきわたっていて、あらゆる国民が何らかのかたちでこの体制に組み込まれ、国家の富の分配を受け取ると同時に、別の意味ではこの体制から搾取されてもいる。加害者であると同時に被害者でもあるのです。

現状では、この社会・心理システムの問題点には目をふさぎ、否認に加担することがこのシステム内でより有利な立場を獲得するために要請されている条件であり、そうでない場合には、この体制内では辺縁的な不利な立場に置かれることになります。心理学的に規定される社会の本質が「ナルシシズム」ですから、「絆」や「つながり」といった自らの美点を照射してくれる言葉は好んでも、現実に直面する難題や、自らの醜い点を指摘されることへの耐性は低く、すぐに耐えきれなくなって体制の外部へとそれを排斥しようとする動きが生じてしまうのです。

さて、第三章で触れた精神分析家の北山は、日本の文化や社会の特徴として、「見るなの禁止」というタブーが設けられることを指摘しました。

有名な物語「鶴の恩返し」では、主人公に奉仕する半人間／半動物（この場合は鶴）が、自らの動物性と献身について、その秘密が守られる限りでは奉仕が継続されます。しかし、その秘密について「見るな」と命じるタブーが破られた途端に、その関係が終了してしまいます。

戯曲『夕鶴』では、「見られた」側の半人間／半動物の女性主人公「つう」は、「恥」を一身に引き受けて立ち去ります。男性主人公である「与ひょう」は、関係が破たんする瞬間に何も主体的な行動を起こせないまま、一人取り残されることになりました。

北山は、日本の多くの物語の中で、自らの貪欲さのために女性主人公を傷つけた男性主人公が、その女性主人公の姿をまともに「見る」ことができずに逃げ去ることをくり返していることを指摘しています。

例えば国造りの神話、イザナギとイザナミの物語もそうです。要約すると、

――イザナミはイザナギのためにたくさんの子ども（神）を生み、国造りに励みますが、ついに火の神を生んだ時に陰部に火傷を負い、死んでしまう。イザナギはその死を嘆き悲しみ、黄泉の国まで追いかけて行くが、そこで出会ったのは腐乱したイザナミだった。恐れおののくイザナギを見てイザナミは恥をかかされたと怒り、逃げるイザナギを追いかけました。ついにイザナギは黄泉比良坂に大岩を置き、イザナギとイザナミの縁は終わる――。

男性主人公たちは、愛する女性にぎりぎりまで奉仕させながら、その真の姿に目を向けて、それを受け止めることができなかったのです。

現代ではネットを中心として、私たちの情報をめぐる環境は激変しています。つい数十年前なら、秘密のまま一般に知られることがなかったことが、広く世間に公開される

ことが増えてきました。このことが、「見るなの禁止」を重要な要素として組み込んできた日本人の精神性にも、大きな変化を迫っているのかもしれません。

推進派の否認、反対派の空想

原発事故の際、命懸けで被害を食い止めようとした原発作業員たちがいました。「国会事故調」の報告書はこの人々についてこう述べています。

「（当委員会の問いに対して）彼らが語ったのは、プラント運転を担う運転員としてのプロ意識と、家族の住む地元への愛着心であった。幸いこのような環境を経験せずに済んだほかの原子力発電所の運転員にも同じような気概があり、逆にそのような気概のある運転員の勇気と行動にも支えられ、危機にあった原子炉が冷温停止にまで導かれた事実は特筆すべきである」

報告書では、これと関連して、「原子炉事故の危険や恐怖が公知となった今、仮に次の原子炉事故が起こった場合にも、本事故と同水準の事故対応を期待できるのか」という懸念が表明されています。「そのような論題を真正面から議論するだけでも、原子力を継承する次の人材が確保できなくなるのではないか」という懸念の声が出ていたそうです。

福島の復興の前提は、原発の廃炉作業が安全に遂行されていくことです。作業に従事する人々はある程度の被ばくを覚悟で、厳しい労働条件のもとで作業を続けています。しかし、日本という国家にとってきわめて重要な廃炉作業の労務管理が、東京電力以下、何重もの下請けを介して行われています。このことが関連の書籍やマンガなどを通じて社会の関心を集めるようになっているのにもかかわらず、この問題について実行力のある介入が行われていません。

つうやイザナミの献身を受け取りながら、その隠された美しくはない姿が明らかになった時に、それから距離を取って拒絶した与ひょうやイザナギの姿を、私たちは反復しているのでしょうか。

多くの日本人の運命が、現在、福島第一原子力発電所で働く人々に依存しています。まずそのことを率直に認めて、その労に適切に報いることのできる体制が構築されなくてはなりません。現在の体制では適切なマネジメントが行われるのかどうかさえ疑わしく、どこか運任せのような無責任なものとなってしまわないか。そう危惧しています。

かつて原発推進は日本の国策であり、日本人の多くが「現実の否認」を含む「安全神話」を介して原発と結びついていた。それによって達成された経済は、政治・社会体制と一体となって、日本というコミュニティに「想像上の一体感」を成立させていました。それを美化・絶対化する精神性として「日本的ナルシシズム」が働いていました。

事故以降、原発推進派と反原発派の意見は二項対立のままで推移しています。前者は事故の影響を過小評価しようとし、後者はできる限りそれを過大評価しようとする。それは正反対の態度のようですが、どちらも現実を否認したまま、閉ざされた自分と意見を同じにする人々で作る狭いコミュニティ内部での議論を、外部に押し付けようとしているということでは同様です。「想像上の一体感の美化と理想化の維持、そのための現実と他者の排除」を目的としたナルシシズムの病理にとらわれているという意味で、議論はおよそ不毛なままです。

私が本書を通じて強く主張したいのは、日本においては原子力発電所が是か非かを判断する前提として、想像上の一体感に依存する精神性を克服して、責任を負える自我の能力が養われる必要があるということです。

二〇一五年十二月現在、避難生活を継続している人々が福島県だけで約五万八千人、全国では約十八万二千人。また震災関連死として認定されたのは、福島県だけで約二千人、全国で約三千四百人にのぼります。

震災関連死が福島県で宮城県や岩手県よりも多い状況には、やはり原発事故による避難生活の長期化や生活環境の激変が関与していると考えられます。「原発事故による被害は大してなかった」、「これまで通りのやり方で原発を推進しよう」というような主張は、あまりに強力な現実の否認に他なりません。

他方、気をつけなければならない罠が存在します。それは、日本社会への想像上の同一化を「すべて良い」として行っていたのを、今度は「すべて悪い」にひっくり返す否定的な同一化を行う精神病理です。第六章で説明したディスチミア親和型の問題とも関連しますが、反原発運動の一部にもそうした傾向が認められます。

つまり、「原発―電力会社―政府」という対象に、否定的な一体化を果たした精神が連想するのは、「被災地では放射線による健康被害が頻発しているのに、国がそれをすべて隠ぺいしている」というものです。

彼らは自分たちの「空想」を一方的に現地に投影し、現地で生活する人々が主体的な考えや努力を行う能力があることを認めません。現地で育児をしている人々を「子どもを放射線に被ばくさせている」と非難し、現実には観察されない健康被害を過大に喧伝することで、世間の人々の信頼を損なっているように見えます。

「国会事故調」の報告書には、次のような記述があります。

「運転員チームはファミリーと呼称され、プラント運転や訓練をともにしている。そのような日々の経験を通して、ファミリーとしての一体感と連帯感が醸成されていた。そのことが、プラント運転という平時から原子炉事故の危機という緊急時への激変にも対応し、事故回避に向けた作業に従事することができた一因であったと考えられる」

このような、想像上の一体感を基盤とした人と人のつながりを尊しとする日本人の精神性は、私の中にも染みついています。それが、震災後に南相馬市で生活することを私に決意させた一因であったようにも思います。

想像上の一体感やナルシシズムの問題は、このように取り扱われます。それを否定するところから始まって、未知の現実や他者に出会うことで修正され、ぐるっと回って元の所に戻ってくる、そのような循環をくり返して生きることです。

原発事故の影響を受ける土地に暮らすことは、自分自身にも息づく日本的ナルシシズムを修正する機会を与えてくれます。「放射線被ばくは危険か否か」という疑問に観念的な水準で判断しているだけでは、ここでの生活は成り立ちません。

実際に自分が生活する場所の空間線量を計測し、必要と判断すれば除染を行い、その上で外部被ばくについて評価する。身の回りにある食品の放射線量を計測し、内部被ばくについてもホールボディカウンターを用いて計測します。「放射性物質」という外部の現実とこのようにかかわる経験を持つことは、精神的には「自我の機能」を高めることにつながるのかもしれません。

第八章　成熟したナルシシズムに向けて

日本的ナルシシズムを直視する

ここでエディプス・コンプレックスを中心とした西欧近代と、日本的ナルシシズムを中心とした、それぞれの心の発達の図式をあらためて比較してみます。（図9、図10参照）

（1）エディプス・コンプレックスを中心とした発達図式

1．母子の一体感
2．父（第三者）の介入（エディプス・コンプレックス）
3．個人としての自我の確立
4．個人同士が法や契約を介して関係を結び、社会を形成する

（2）日本的ナルシシズムを中心とした発達図式

1. 母子の一体感
2. 家族への一体感（母子一体感の横滑り）
3. 学校や地域社会への一体感とタテ社会の論理の内在化の開始
4. 職場への一体感とタテ社会の論理の内在化の進展
5. 日本社会への一体感とタテ社会の論理の内在化の完成

並べて見ると、日本社会においては、人の心が人間同士の接触による情緒的な関係に拘束され続け、そこで共有される想像上の一体感の維持が目的化され、それに対して外部からの客観的な反省が行われにくいことがわかります。

第四章で論じたように、日本では、人間の心と文化的特徴を相互に支え合う構造が深く根をはっていました。このような文化のもとでは、一神教の歴史に見られるように、日常生活から遊離した抽象的な宗教教義をめぐって戦争が起きるようなことはほとんど考えられません。

図9　西欧近代の心の発達図式

（1）母子が未分化な一体感では、母子とも境界が不鮮明である
（部分対象関係）

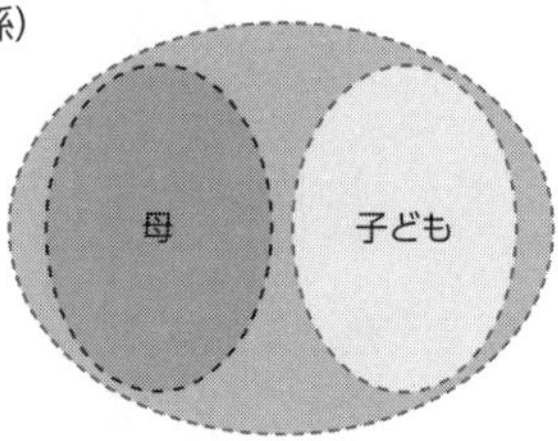

（2）エディプス・コンプレックスの経験　母子・父の境界が鮮明になる
（全体対象関係）

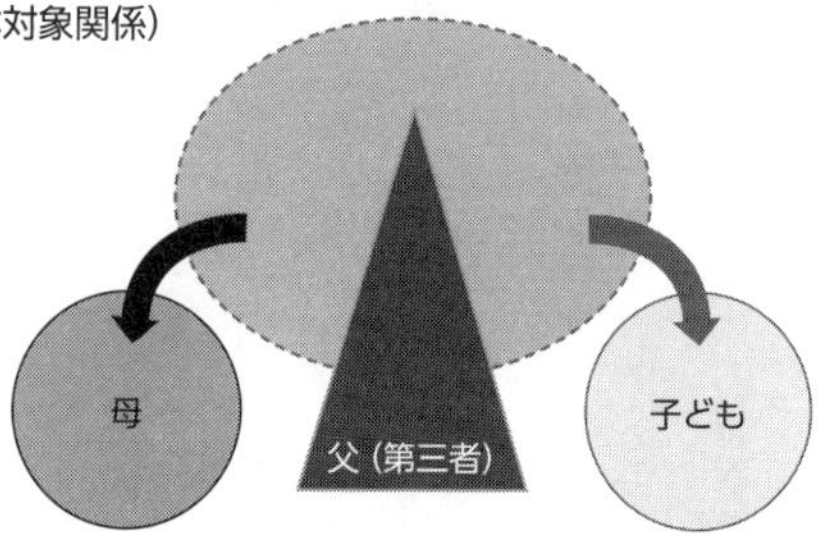

第三者（父）が母子一体感に割って入ることで、母が自分よりも愛情を優先しうる第三者がいることを経験する。この第三者への激しい敵意と愛着の葛藤を経て、自我（個）が確立される。

（3）西欧型社会のイメージ

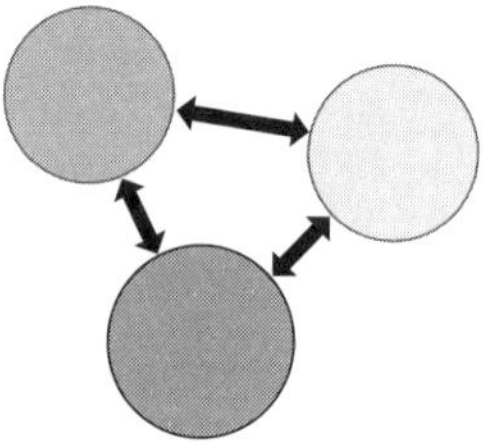

エディプス・コンプレックスを通過して自我が確立した個人同士が、契約や法、論理などを介して結びついて社会を形成する。

西欧近代はそのはじめから、資本主義における人間疎外という課題に悩んできました。金融を理論的に操作した挙句にリーマンショックを引き起こしたことにも、その一端が窺われます。過度な抽象化や理論化に不健全さを感じ、体験に基づく直観、自然との接触、親密な人間関係から受ける情緒的な影響を重視して行動する日本文化には、西欧近代の行き詰まりを乗り越える潜在力があります。

だからと言って、一神教や西欧の文化には問題がある、日本文化はすばらしいと言っているだけでは、複雑化した現代世界を生きていくことはできません。

私たちは、西欧近代が様々な代償を払って達成した科学知識や技術、法制度、民主主義や基本的人権などを取り入れてきました。ナルシシスティックに構えて外来の文化を見下し続けていたなら、現在のような豊かさと文化的達成は不可能でした。

西欧近代の文化と日本文化を図式化して比較するのは過度な単純化だという批判や、日本にかぎらず中国や韓国を含む東アジア全体の特徴ではないかという指摘もあるでしょう。実際、土居が「甘え」を日本人だけではなく人類に普遍的に認められる性質だと主張したのと同様に、私が指摘してきた日本的ナルシシズムという問題も、条件さえ整えば、他の人間集団においても現れうる事象です。

図 10　日本的ナルシシズムを中心とした心の発達図式

(1) 母子一体感　　(2) 小集団
(家族、地域、学校、職場〈現場〉の一体感)

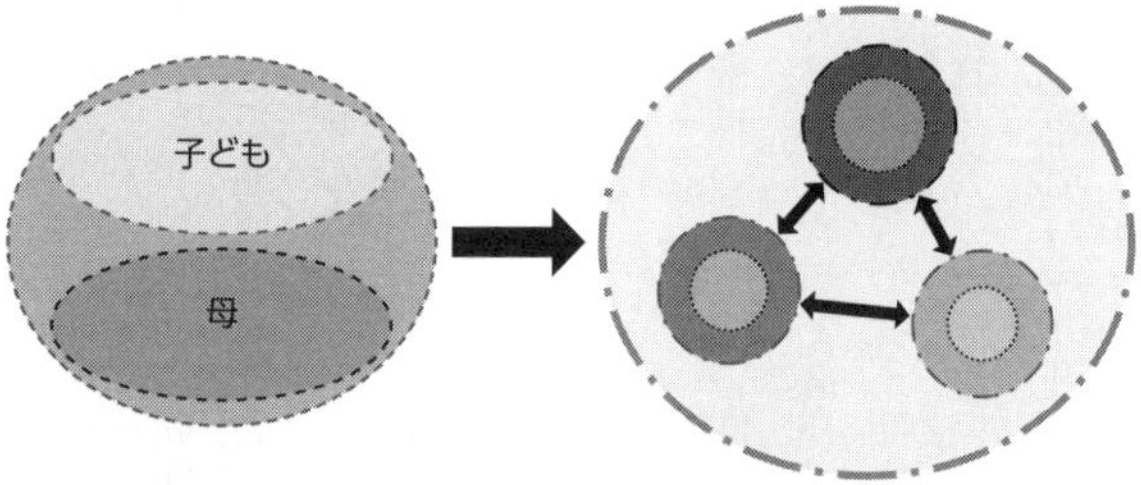

母子の想像的・情緒的な一体感（1）が、そのまま社会へ移行する（2)。自我の確立は果たされていないが、所属する「場」が求める社会的役割に対応することで、「性格の鎧」が周囲に内在化される（3)。鎧は次第に厚くなり、外側の「オモテ・タテマエ」と、内側の不定形な「ウラ・ホンネ」を使い分けられるようになる。さらに集団の規模が大きくなると、個人は「タテ社会の論理」を基本とした行動パターンにしたがう。

（3）性格の鎧の完成（タテ社会の論理の内在化）と、日本社会との一体感の形成

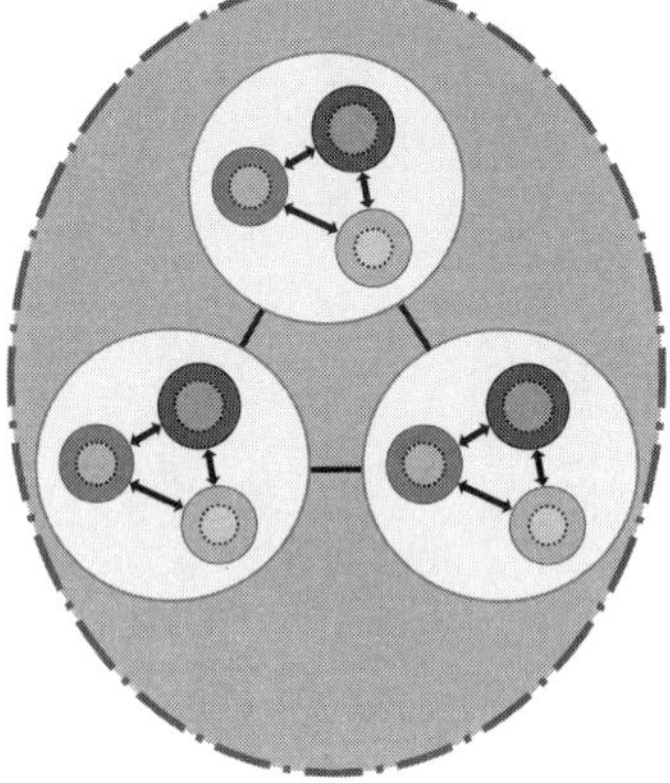

個人の精神発達においては、漠然とした母子一体感から、第三者と出会うことで独立した自我が確立していきます。それと同様に、人間の集団でも、漠然とした想像上の一体感の共有から、現実的な問題に対応するための論理や法が共有されるようになっていく。その過程で近代的な社会が発展していくという意味では、現実の社会はどれも両方の要素の混合物なのです。

しかし、「どの国も程度の違い」だと思考を打ち止めにする姿勢には問題があります。日本的ナルシシズムでは、あらゆることを曖昧なままに混合させた状態が理想化されています。そして、西洋近代が情緒を低く見て理論を過大に評価する一方で、日本文化はその逆です。

どちらにも良い面と悪い面があるものだ、と物事を相対化させるだけではなく、日本文化のマイナス面を「日本的ナルシシズム」として抽出し、それと真剣に向き合って思考することが、時代の変革期における精神的危機を乗り越えるためには必要です。

目の前の具体的な出来事に密着するばかりで、抽象的な思考が苦手という文化的弱点が、日本には色濃く存在しています。高度経済成長の時代など、全体が進むべき方向が明らかな時は、こうした精神性はきわめて有効でした。

しかし、既存のやり方が通用しなくなっている時でも、根本的な問題に取り組むことができず、付け焼き刃の対応を続けるばかりで、同様の失敗を延々とくり返してしまう可能性があります。

山本七平が告発した員数主義

本来ならば七十年前、日本的なナルシシズムに引きずられるように第二次大戦の敗北を経験した時に、民族として抑うつポジションの葛藤を経験し、それを超えて主体的な精神性の確立が目指されるべきでした。坂口安吾が『堕落論』で訴えたように、敗戦日本は一度徹底的に落ち込むことが大切だったのかもしれません。

しかし、日本的ナルシシズムの病理は形を変えて温存されました。

評論家の山本七平は『一下級将校の見た帝国陸軍』の中で、戦時中の日本軍の集団の病理について容赦なく告発しています。例えば、敗戦直後の捕虜収容所でかつての将校たちが和気あいあいと食事をし、俳句を作り、昔話に興じる姿があった。そこには太平洋戦争の話題が抜け落ちていた。自らも従軍して辛酸をなめた山本は記します。「部下を全滅させ、また日本を破滅させたことより、今、目の前にいる同僚の感情をきずつけず、いまの『和を貴ぶこと』を絶対視するといった態度、というよりむしろ、それ以外には何もかもなくなった感じであった」

現代に生きる私たちは山本より寛容でいられるかもしれませんが、目の前の人間関係の「想像上の一体感」を絶対視し、都合の悪いことを意識から排除することは、ナルシシズムの問題につながります。

この本には、「員数主義」という聞き慣れない言葉が出てきます。「員数」とは物品の数のことで、員数検査とは、軍隊の備品が帳簿上と現物の数が合っているかどうか調べることです。日本陸軍では、帳簿に記録されている員数に現実を従わせるために、担当者に暴力的な強制をすることが当然とされていました。

「(物品がそろわない時に)『紛失《なくなり》ました』という言葉は日本軍にはない。この言葉を口にした瞬間、『バカヤロー、員数をつけてこい』という言葉が、ビンタとともにはねかえってくる。紛失すれば『員数をつけてくる』すなわち盗んでくるのである。(中略)これが日常化し、みながやっていることだから、現行犯でも私的制裁《リンチ》(この場合は半殺しだが)ですみ、公の処罰には絶対にならない」

その結果、命令に対して形式的に不備のない報告さえできれば、内実はどうでもよくなっていました。上官から「私的制裁を受けた者は手をあげろ」と命じられても手を挙げる兵士はいない。上官は上層部に、「手を挙げろ」という命令に「挙手なし」という員数報告があったと伝える。すると軍では「私的制裁はない」、ということになるというのです。

山本自身、「員数をつける」ことでは優秀かつ俊敏で、将校になってからは、不可能命令には巧みな員数報告で対応してきたそうです。不可能命令とは、員数さえ満たしていればそれでよしとするような、現実を無視した命令です。例えば、雨が降れば使えなくなるような飛行場でも、大本営の作戦地図には不滅のごとき立派な飛行場と記入されることで、典型としてレイテ島のネグロス航空要塞が挙げられています。この要塞は「不沈空母」とされ、「これで米軍を叩きつぶしてやる」「相手は可沈空母、こちらは不沈空母、絶対に負けない」と言われたほどのものでした。

しかし現実には、「毎日の爆撃で穴だらけになった飛行場群に焼け残りの飛行機が若干やぶかげに隠されているだけだ。対空火器は高射砲が三門だけという淋しいものだ」という状況でした。山本の考察です。

「なぜこうなったのか。それは、自転する〝組織〟の上に乗った、『不可能命令とそれに対する員数報告』で構成される虚構の世界を『事実』としたからである。日本軍は米軍に敗れたのではない。米軍という現実の打撃にこの虚構を吹きとばされて降伏した」

同じく陸軍の戦車兵だった司馬遼太郎のエッセイにも、装甲の強度と砲弾の貫通力に優るソ連の戦車と、それに比べて明らかに劣る日本軍の戦車が、作戦上は常に同一視されたこと、それに対して疑問を持つことは許されなかったことが書かれています。

「陸軍は戦車というものを所有した当初からこの論理的兵器に対して論理的戦術をもたず、論理的思考法ももたなかった。信じられないようなことだが、陸軍にあっては『戦車は戦車である以上、敵の戦車と等質である。防御力も攻撃力もおなじである』とされ、このふしぎな仮定に対し、参謀本部の総長といえども疑問をいだかなかった。現場の部隊でも同様であり、この子供でもわかる単純なことに疑問をいだくことは、暗黙の禁忌であった。戦車戦術の教本も実際の運用も、そういうフィクションの上に成立していたのである」（「石鳥居の垢」、『歴史と視点』）

私は、こうした員数主義には日本的ナルシシズムという心理的背景があると考えます。

そこでは、閉じた直接的な人間関係で共有される「想像上の一体感」を守ることが最優先とされ、そのためには重要な現実を排除することも厭わない。この「集団の自転」

に乗れることが、集団から排除されずに信頼される人間となるための絶対条件です。

そこから集団の成員相互の間に、すさまじい拘束がなされることになります。ナルシシズムを傷つけるような外部の現実や以前の歴史上の出来事は、意識から徹底的に削除されるようになります。もし強引にそれを指摘する者は、傷ついたナルシシズムがもたらす怒りと報復を覚悟しなければなりません。それによって集団から侮辱され、疎外されることが、もっとも頻繁に起こりやすい出来事です。

これは日本以外のどんな人間の集団でも起きうることです。集団が閉じた小家族やローカルな小集団であったら正当化される面も多々あるでしょう。しかし、世界有数の先進国であり法治国家であると自ら任じ、国際社会の中で責任のある立場を担うことを願う国家であるなら、到底ゆるされないことです。

安保法案で露呈した心の分裂

日本的ナルシシズムが解決されない限り、集団として掲げる主義が「軍国主義」から「民主主義」や「平和主義」に変わっても、同じような問題が生じるのを防ぐことはできません。前章で論じたように、原子力発電についての「安全神話」もこうした心理傾向の産物だったといえます。もう一つ、最近の例を挙げておきます。

二〇一五年九月に可決成立した安保法案は、日本に集団的自衛権の行使を認め、アメリカなど同盟国の軍事行動に、これまでより踏み込んだコミットメントを可能にしました。国際情勢の変化という現実に向き合うための限定的容認だと説明されましたが、法案をめぐって激しい反対運動が起きました。政府側の答弁が明確な説得力に欠けたことは世論調査でも明らかでしたが、そこには相応の理由があります。

これまで日本人は憲法九条の理念を中心とした平和主義と、日米同盟を中心とする現実的な安全保障体制の強化、その両方を都合よく使い分けてきました。平和主義と軍事同盟という心の中の分裂はそのままに、深刻な葛藤を経て統合されることがなかった。クラインの分析になぞらえれば、妄想分裂ポジションから抑うつポジションへの通過ができないままだったということです。

平和と軍事という本来矛盾する価値に同時に同一化することの欺瞞性、それを包み隠してきた心の防衛が、安保法案によってにわかに危機に瀕しました。そこではクラインの指摘する迫害不安、あるいは躁的防衛（第二章を参照）さえ窺われました。

安倍首相をはじめ政権に対する批判には正当性もある反面、批判することで別の権威が生み出されるという、現実感を欠いたナルシシズムが醸成されていました。与えられた平和を当然のこととしてそれに対する感謝の思いを抱かず、軍事行動に関わる人々を道徳的に見下す、あるいは平和を実現するための自らの現実的な努力を欠いたまま、憲法九条が掲げる理念にだけ依存しようとするような精神性は、やはりナルシシズムの病にとらわれているものと見なされます。

戦後、アメリカが持ち込んだ価値――民主主義や個人の自由――に日本は同一化しました。軍国主義や家族主義を奉じていたことなど忘れたかのように、「高度経済成長」「所得倍増」という目の前の具体的な幸福追求に向けて、集団的にまい進しました。

日本社会と日本人の心の中には、全体への一体感を優先する戦前の価値観と、個人を重視する戦後の価値観とが統合されないまま併存してきました。その矛盾は、オモテとウラをその場その場で使い分けることで糊塗され続けてきたのです。

そうした社会では、言葉が真実で一貫している必要はありません。しかし、厳しい現実を突き付けられ、日常感覚を超える踏み込んだ思考を迫られた場合、未統合の分裂した心が適切に対応することは不可能で、逆に心理的に退行した病的な反応を示します。

一九九〇年代以降、国民全体が共有できる明確な目標を見失った日本は、停滞し始めました。安全保障、エネルギー、財政、防災、貧困等など、今さら私が指摘するまでもなく内外に問題は山積しています。国内では衰退する地方経済と超少子高齢化社会に直面し、「地方創生」も「一億総活躍」も掲げるだけでは現実の処方箋にはなりません。国外に目を向ければ、複雑化した世界情勢に的確に対応していかなくてはなりません。

それらを意識の外に追いやるのではなく、着実に解決していくには、ナルシシスティックで未熟な精神性による同一化ではなく、成熟した判断のできる自我を確立した個人が、自分たちの集団としての原理原則を見出していかなくてはなりません。

つまり、想像上の一体感によって保たれてきたような曖昧な原理原則に対して、自分たちの態度を変更することが求められています。

その出発点は、他からの借りものの思想ではなく、日本の伝統的で土着的な心性に置かれるべきでしょう。そこから始めて、個人の確立や論理的思考など他文化の長所にも、集団への過度の依存という自らの社会文化にも向き合っていくことです。閉鎖的な人間関係のなかで醸成される「日本的ナルシシズム」に閉じこもることなく、外部の他者や現実と誠実に向き合っていく覚悟が必要です。それは七十年前の敗戦以来、長く先送りされてきた課題だと私は考えています。

【主要参考文献一覧】

第一章
堀有伸「うつ病と日本的ナルシシズムについて」臨床精神病理、32（2）：95-117, 2011
第二章
土居健郎『「甘え」の構造　増補普及版』弘文堂、二〇〇七年
土居健郎「うつ病の精神力学」精神医学、8（12）：978-981, 1966
小澤勲『痴呆を生きるということ』岩波書店、二〇〇三年
R・D・ヒンシェルウッド『クリニカル・クライン　クライン派の源泉から現代的展開まで』（福本修・木部則雄・平井正三訳）、誠信書房、一九九九年
S・フロイト『フロイト全集14』所収「喪とメランコリー」（伊藤正博訳）、岩波書店、二〇一〇年
第三章
北山修『日本語臨床の深層　北山修著作集第一巻（見るなの禁止）』岩崎学術出版社、一九九三年
館直彦『ウィニコットを学ぶ　対話することと創造すること』岩崎学術出版社、二〇一三年
S・フロイト『エロス論集』（中山元訳）、筑摩書房、一九九七年
第四章
加藤周一『日本文学史序説』筑摩書房、一九九九年
中村元『中村元選集　決定版第三巻』所収「東洋人の思惟方法3　日本人の思惟方法」、春秋社、一九八九年
アウグスティヌス『告白』（服部英次郎訳）、岩波書店、一九七六年

日本聖書協会『聖書　口語訳』日本聖書協会、一九九七年
木村敏『人と人との間　精神病理学的日本論』弘文堂、一九七二年
土居健郎『表と裏』弘文堂、一九八五年
川島武宜『日本人の法意識』岩波書店、一九六七年
藤田省三『戦後精神の経験　藤田省三小論集1』影書房、一九九六年
藤田省三『〈新編〉天皇制国家の支配原理』（飯田泰三・宮村治雄編）、影書房、一九九六年
吉田敏浩・新原昭治・末浪靖司『「戦後再発見」双書3　検証・法治国家崩壊』創元社、二〇一四年

第五章

H・テレンバッハ『メランコリー　改訂増補版』（木村敏訳）、みすず書房、一九八五年
津田均・堀有伸「下田『執着気質』提唱後の60年 様々なタイプのそううつ病患者における『執着』について」精神神経学雑誌、105（5）：544-551, 2003
内海健『うつ病の心理　失われた悲しみの場に』誠信書房、二〇〇八年
笠原嘉『うつ病臨床のエッセンス　新装版』みすず書房、二〇一五年
H・コフート『自己の分析』（水野信義・笠原嘉訳）、みすず書房、一九九四年

第六章

芝伸太郎『日本人という鬱病』人文書院、一九九九年
中根千枝『タテ社会の人間関係　単一社会の理論』講談社、一九六七年
R・ベネディクト『菊と刀　日本文化の型』（長谷川松治訳）、講談社、二〇〇五年
堀有伸「[統合失調症のグループの現在]全体性への誘惑に抗して」集団精神療法、28（1）：41-47,2012

今野晴貴『ブラック企業　日本を食いつぶす妖怪』文藝春秋、二〇一二年
樽味伸『臨床の記述と「義」　樽味伸論文集』星和書店、二〇〇六年
芝伸太郎「双極Ⅱ型障害の精神病理と精神療法　『メランコリー親和型への誘導』という戦略」臨床精神病理、31（2）：79-101, 2010
堀有伸「現代うつの語りを聞くこと」ナラティブとケア、3:14-21, 2012
内田樹『こんな日本でよかったね　構造主義的日本論』バジリコ、二〇〇八年
W・ビオン『再考　精神病の精神分析論』（松木邦裕・中川慎一郎訳）所収「考えることに関する理論」、金剛出版、二〇〇七年

第七章

東京電力福島原子力発電所事故調査委員会『国会事故調　報告書』徳間書店、二〇一二年
開沼博『「フクシマ論」　原子力ムラはなぜ生まれたのか』青土社、二〇一一年
NHK　ETV特集取材班『原発メルトダウンへの道　原子力政策研究会100時間の証言』新潮社、二〇一三年
「原発賠償が招いた無数の分断」政経東北、二〇一四年十月号
堀有伸「相双地区住民(特に南相馬市)の現状と課題」トラウマティック・ストレス、12（1）：13-21, 2014

第八章

坂口安吾『堕落論』新潮社、二〇〇〇年
山本七平『一下級将校の見た帝国陸軍』文藝春秋、一九八七年
司馬遼太郎『歴史と視点　私の雑記帖』新潮社、一九八〇年

堀　有伸　1972（昭和47）年東京都生まれ。精神科医。東京大学医学部を卒業後、大学病院勤務などを経て、2012年から福島県南相馬市で精神医療全般に携わる。現在、ほりメンタルクリニック院長。

新潮新書

671

日本的《にほんてき》ナルシシズムの罪《つみ》

著　者　堀《ほり》　有伸《ありのぶ》

2016年6月20日　発行

発行者　佐藤隆信
発行所　株式会社新潮社
〒162-8711　東京都新宿区矢来町71番地
編集部(03)3266-5430　読者係(03)3266-5111
http://www.shinchosha.co.jp

印刷所　株式会社光邦
製本所　憲専堂製本株式会社
図版製作　株式会社クラップス

ISBN978-4-10-610671-2 C0236